《国学经典藏书》丛书编委会

国学经典藏书

山海经

王兴芬　张洁宇　译注

吉林大学出版社
长春

图书在版编目（CIP）数据

山海经 / 王兴芬，张洁宇译注 . —长春：吉林大学出版社，2021.4
（国学经典藏书）
ISBN 978-7-5692-7721-0

Ⅰ . ①山… Ⅱ . ①王… ②张… Ⅲ . ①历史地理－中国－古代 Ⅳ . ① K928.626

中国版本图书馆 CIP 数据核字（2020）第 223486 号

国学经典藏书：山海经
GUOXUE JINGDIAN CANGSHU: SHANHAI JING

作　　者：王兴芬　张洁宇 译注
策划编辑：魏丹丹
责任编辑：张鸿鹤
责任校对：田　娜
装帧设计：蒋宏工作室
开　　本：880mm × 1230mm　1/32
字　　数：207 千字
印　　张：10
版　　次：2021 年 4 月第 1 版
印　　次：2024 年 1 月第 3 次印刷

出版发行：吉林大学出版社
地　　址：长春市人民大街 4059 号（130021）
0431-89580028/29/21
http://www.jlup.com.cn
E-mail:jdcbs@jlu.edu.cn
印　　刷：河北松源印刷有限公司

ISBN 978-7-5692-7721-0　　定价：40.00 元

编者的话

经典是人类知识体系的根基,是人类的精神家园,是我们走向未来的起点。莎士比亚说过:"生活里没有书籍,就好像没有阳光;智慧里没有书籍,就好像鸟儿没有翅膀。"21 世纪中国国民的阅读生活中最迫切的事情是什么?我们的回答是阅读经典!

中国有数千年一脉相传、光辉灿烂的文化,并长期处于世界文化发展的前列,尤其是在近代以前,曾长期引领亚洲乃至世界文化的发展方向。长期超稳定的社会发展形态和以小农生产为基础的、悠闲的宗法农业社会,塑造了中华民族注重实际、过分地偏重经验、重视历史的文化心理特征。从殷商时代的"古训是式"(《诗经·大雅·烝民》),到孔子的"述而不作,信而好古"(《论语·述而》),可以清楚地看出这种文化心理不断强化的轨迹。于是,历史就被赋予了神圣的光环,它既是人们获得知识的源泉,也是人们价值标准的出处。它不再是僵死的、过去的东西,而是生动活泼、富有生命力,并对现世仍有巨大指导作用的事实。因而就形成了这样一种固定的文化思维方式,也就是"以铜为鉴,可正衣冠;以古为鉴,可知兴替;以人为鉴,可明得失"(《新唐书·魏徵传》)。中国的文化人世代相承,均从历史中寻求真理,寻求"修身、齐家、治国、平天下"的崇高理想模式。

这种对于历史所怀有的深沉强烈的认同感，正是历史典籍赖以发展、繁荣的文化心理基础。历史上最初给历史典籍的研究和整理工作涂上政治、道德和伦理色彩的是春秋时期的孔子。当时的孔子因感"周室微而礼乐废、《诗》《书》缺"，于是乃删订了《诗》《书》《礼》《乐》《易》《春秋》等"六经"（见《史记·孔子世家》），寄托了自己在政治上"复礼"和道德上"归仁"的最高理想。孔子以后，历史典籍的编撰无不遵循着这一最高原则。所以《隋书·经籍志》总序中就说："夫经籍也者，机神之妙旨，圣哲之能事。所以经天地，纬阴阳，正纲纪，弘道德，显仁足以利物，藏用足以独善……其王者之所以树风声，流显号，美教化，移风俗，何莫由乎斯道？……其教有适，其用无穷，实仁义之陶钧，诚道德之橐籥也。……夫仁义礼智，所以治国也；方技数术，所以治身也。诸子为经籍之鼓吹，文章乃政化之黼黻，皆为治国之具也。"（《隋书·经籍志一》）由此可见，历史典籍的编撰整理工作，已不仅仅是文化技术问题，更重要的是它还负有"正纲纪，弘道德"的政治和道德使命。于是，在两千多年的历史发展过程中，先人们为我们留下了汗牛充栋的文化典籍。这些宝贵的精神财富，不仅是我们中华民族的骄傲，也是全人类的骄傲，并已成为世界文化宝藏的重要组成部分。

中国的先哲们一向对古代典籍充满崇敬之情，他们认为，先王之道、历史经验、人伦道德以及治国安邦之术、读书治学之法等等，都蕴藏于典籍之中。文献典籍是先王之道、历史经验、人伦道德等赖以传递后世的重要手段。离开书籍，后人将无法从前朝吸取历史经验，无法传承先王之道。在日新月异的当代，如何对待这份优秀的文化遗产？毛泽东同志早就指出："中国的长期封建社会中，创造了灿烂的古代文化。清理古代文化的发展过程,剔除其封建性的糟粕,吸取其民主性的精华,是发展民族新文化、提高民族自信心的必要条件。……中国现时的新文化也是从古代的旧文化发展而来,因此,我们必须尊重自己的历史,决不能割断历史。但是,这种尊重是给历史以一定的科学地位,是尊重历史的辩证法的发展,而不是颂古非今。”(毛泽东《新民主主义论》)古代典籍,不仅对中华民族的形成与发展历史地发挥了巨大的凝聚力作用,而且在当今中华民族伟大复兴中,依然会发挥无可替代的重要作用。

在科学技术迅猛发展的当代社会,人们的生活、观念正在发生着巨大而深刻的变革,面对蓬勃发展的现代科技和汹涌而至的各种思潮,人们依然能深切地感受到中国传统文化无所不在的巨大力量。人们渴望了解这种无形的力量源泉,于是绚丽多姿的中华典籍就成了人们首要的选择。它能够使我们在精神上成为坚强、忠诚和有理智的人,成为能够真正爱人类、尊重人类劳动、衷心地欣赏人类的伟大劳动所产生的美好果实的人。所以,在今天,我们要阅读经典;当数字化、网络化带来的“信息爆炸”占领人们的头脑、占用人们的时间时,我们要阅读经典;当中华民族迈向和平崛起和民族复兴的伟大征程时,我们更要阅读经典。因此,读经典,这个我们习以为常的平凡过程,实际上就成了人的心灵和上下古今一切民族的伟大智慧相结合的过程。但由于时代的变迁,这些经典对现代人来说已是谜一样的存在。为继承这份优秀的文化遗产,帮助人们更好地利用这些经典,在全国学术界诸多专家学者的支持下,我们策划了这套“国学经典藏书”丛书。

丛书以弘扬传统、推陈出新、汇聚英华为宗旨,以具有中等以上文化程度的广大读者为对象,从我国古代经、史、子、集四部典籍中精选 50 种，以全注全译或节选的形式结集出版。在书目的选择上，重点选取我国古代哲学、历史、地理、文学、科技、教育、生活等领域历经岁月洗礼、汇聚人类最重要的精神创造和知识积累的不朽之作。既注重选取历史上脍炙人口、深入人心的经典名著，又注重其适应现代社会的人文价值趋向。丛书不仅精校原文，而且从前言、题解，到注释、译文，均在吸收历代学者研究成果的基础上精心编撰。在注重学术性标准的基础上，尽量做到通俗易懂。我们相信，本丛书的出版，对提高人们的古代典籍认知水平，阅读和利用中华传统经典，传播中华优秀文化，提高人们的民族自信心和文化自豪感，进而为中华民族伟大复兴做贡献，均将起到应有的作用。高尔基说："书籍是人类进步的阶梯。""要热爱读书，它会使你的生活轻松，它会友爱地帮助你了解纷繁复杂的思想、感情和事件；它会教导你尊重别人和你自己；它以热爱世界、热爱人类的情感，来鼓舞智慧和心灵。""当书本给我讲到闻所未闻、见所未见的人物、感情、思想和态度时，似乎是每一本书都在我面前打开一扇窗户，并让我看到一个不可思议的新世界。""每一本书是一级小阶梯，我每爬一级，就……更接近美好生活的观念，更热爱这书"（《高尔基论青年》，中国青年出版社 1956 年版）。流传千年的文化经典，让我们受益匪浅，使我们懂得更多。正如德国著名作家歌德所说："读一本好书，就是和一位品德高尚的人谈话。"的确，读一本好书，就像是结交了一位良师益友。我们真诚希望，这套经典丛书能够真正进入您的生活，成为人人应读、必读和常读的名著。

陈　虎

庚子岁孟秋

前　言

《山海经》是一部先秦典籍，充满了神异色彩，全书分为《山经》和《海经》两部分，《山经》主要记载海内山川水道的分布情况以及山川河流中的动植物产等；《海经》主要记载远方异国的奇人异事。《山海经》中所记述的内容涉及神话、巫术、地理、医药、矿产等多个领域，堪称上古时期先民生活的百科全书，是研究上古社会地理、物产、风俗等方面的重要文献资料。

一

《山海经》旧传为夏代初期夏禹、伯益所作。早在《禹贡》中就说："禹别九州，随山浚川，任土作贡。"西汉时期司马迁在《史记·夏本纪》中也说："禹乃遂与益、后稷奉帝命，命诸侯百姓兴人徒以傅土，行山表木，定高山大川。"司马迁虽然没有明言禹、益作《山海经》，但对他和众人"行山表木，定高山大川"的功劳还是认可的。西汉末年刘向、刘歆父子整理《山海经》，认为《山海经》系禹、益所作。刘歆《上山海经表》说："禹别九州，任土作贡。而益等类物善恶，著《山海经》。"东汉时期，《论衡》《吴越春秋》等都认为《山海经》是禹、益所作。王充《论衡·别通篇》说："禹、益并治洪水，禹主治水，益主记异物，海外山表，无远不至，以所闻见，作《山海经》，非禹、益，不能行远，《山海》不造；然则《山海》之造，见物博也。董仲舒睹重常之鸟，刘子政晓贰负之尸，皆见《山海经》，故能立二事之说。使禹、益行地不远，不能作《山海经》；董、刘不读《山海经》，不能定二疑。”《吴越春秋·越王无余列传》亦曰：“（禹）遂巡行四渎，与益、夔共谋，行到名山大泽，召其神而问之山川脉理，金玉所有，鸟兽昆虫之类及八方之民俗，殊国异域、土地里数，使益疏而记之，故名之曰《山海经》。”魏晋南北朝时期，郦道元也认为《山海经》为禹、益所作，其《水经注原序》即曰：“昔《大禹记》著山海，周而不备。”又，《水经注》卷三十九亦曰：“按《山海经》创之大禹，记录远矣。”

对于《山海经》为禹、益所作的观点，自古以来，质疑的声音也是很多的，如北齐颜之推《颜氏家训·书证》就说：“《山海经》，夏禹及益所记，而有长沙、零陵、桂阳、诸暨，……皆由后人所羼，非本文也。”显然，这是在肯定禹、益作《山海经》的基础上开始怀疑其中有后人增入的部分。陈振孙《直斋书录解题》在引述《吴越春秋》和司马迁《史记》对《山海经》成书的论述之后认为，尤袤《山海经〈跋〉》“明其为非禹、伯翳所作，而以为先秦古书无疑，然莫能名其为何人也”。陈振孙之后，王应麟、朱熹、胡应麟、吴任臣等也都认为《山海经》非禹、益所作，如胡应麟在《少室山房笔丛·四部正讹下》中就说：“考王孙之对，（《山海经》）虽一时辨给之谈，若其所称图象百物之说必有所本。至于周末，《离骚》、庄、列辈其流遂不可底极；而一时能文之士，因假《穆天子传》之体纵横附会，勒成此书，以傅于图象百物之说，意将以禹、益欺天下后世而适以诬之也。”吴任臣《山海经广注序》也说：“《经籍志》载地理书二百四十四家，《山海经》最为近古，论者以虎齿、豹尾、九首、一目之奇，讥其诬诞不经，又以长沙、零陵、丹阳、番阳类秦汉地名，疑后人所作。”目前对《山海经》的作者问题，茅盾的观点被认为代表了学界普遍的看法，他说："盖至近世，差不多一般的意见都承认《山海经》是汉代以前的古书，'语怪之祖'；虽非禹、益所撰，或者有点关系，因其本为注图之文。"①

至于《山海经》的成书年代，历来也有多种说法，尤袤《山海经〈跋〉》"以(《山海经》)为先秦古书无疑"(陈振孙《直斋书目解题》)；王应麟《山海经考证》认为《山海经》"要为有本于古，秦汉增益之书"；胡应麟则怀疑《山海经》为"战国好奇之士"所作(《少室山房笔丛》)。除此之外，吴任臣、毕沅、郝懿行等对《山海经》的成书年代也都提出了自己的看法。如吴任臣《读〈山海经〉语》就说："周秦诸子，惟屈原最熟此经，《天问》中如'十日代出''启棘宾商''枭华安居''烛龙何照''应龙何画''灵蛇吞象''延年不死'，以至'鲮鱼''鬿堆'之名，皆原本斯经，校雠家以《山海经》为秦汉人所作，即此可辨。"近现代学者蒙文通、陆侃如、袁珂等对《山海经》的成书年代也都提出了不同的看法，如陆侃如、袁珂都认为《山海经》成书于战国时期的楚国②。目前学界的普遍看法是《山海经》的成书经历了漫长的历史时期，通常认为《山经》成书于战国初期或中期，《海经》则成书于秦汉之际。

现在所见的《山海经》是经过西汉末年刘向、刘歆父子校勘整理的，共十八卷，包括《山经》五卷、《海经》八卷、《大荒经》四卷、《海内经》一卷，共三万一千多字。《山海经》从《汉书·艺文志》开始，历代正史和私家书目多有著录。《汉书·艺文志》"数术略"的"形法类"著录《山海经》十三篇，并列在"形法类"下的

---

① 茅盾：《中国神话研究初探》，第26页，上海古籍出版社，2005年版。

② 陆说转自茅盾《中国神话研究初探》，第147页，原载《神话研究》，百花文艺出版社，1981年版；袁珂《〈山海经〉写作的时地及篇目考》，见《神话论文集》，第1—25页，上海古籍出版社，1982年版。

第一部。对于《山海经》的性质，刘歆认为《山海经》是一部地理博物著作，郭璞也认为《山海经》是一部可信的地理文献。受刘歆和郭璞的影响，《隋书·经籍志》《旧唐书·经籍志》《新唐书·艺文志》及王尧臣《崇文总目》等都将《山海经》归到史部地理类，《宋史·艺文志》将《山海经》归到史部五行类。到明代，随着小说的兴盛和人们对文体概念的逐渐明晰，《山海经》史部的地位开始动摇。郭璞认为《山海经》“闳诞迂夸，多奇怪俶傥之言”（《注山海经叙》），就是因为其中包含着很多的神话和传说材料，具有小说的性质，因此，胡应麟说《山海经》是“古今语怪之祖”（《少室山房笔丛》）。清代的《四库全书总目》继承了胡应麟的观点，认为《山海经》是“小说之最古者”，《四库全书总目·山海经提要》说《山海经》“序述山水，多参以神怪，故《道藏》收入太元部竟字号中。究其本旨，实非黄老之言。然道里山川，率难考据，案以耳目所及，百不一真，诸家并以为地理书之冠，亦为未允。核实定名，实则小说之最古者尔”，并最终将《山海经》列入子部小说家类。到近现代，虽然学者多认为《山海经》具有重要的地理学价值，但其主要的价值还在于“小说之最古者”，因此大都将《山海经》归到小说类。

二

《山海经》篇幅不长，共三万多字，但内容非常丰富，从山川、河流、植物、动物、矿产、医药，到神话、异人、方国、祭祀等，可以说是包罗万象。《山海经》所记载的上述内容，对中国古代地理、医药、神话、物产、方国、巫术等的研究，均具有重要的价值和深远的意义。

早在《中国小说史略》中，鲁迅就认为《山海经》是“古之巫书”。翻阅《山海经》可以发现,其中记载了原始社会的很多巫师和巫术活动。巫师是巫文化的载体,《山海经》中的巫师有“六巫”和“十巫”之称。《海内西经》曰:“开明东有巫彭、巫抵、巫阳、巫履、巫凡、巫相,夹窫窳(yàyǔ)之尸,皆操不死之药以距之。”其中巫彭、巫抵、巫阳、巫履、巫凡、巫相这“六巫”就是巫师。又,《大荒西经》亦云:“大荒之中,有山名曰丰沮玉门,日月所入。有灵山,巫咸、巫即、巫肦、巫彭、巫姑、巫真、巫礼、巫抵、巫谢、巫罗十巫,从此升降,百药爰在。”《山海经》不但记述了很多巫师,还记载了群巫集体活动的情形。例如,《海内西经》就记载了六位巫师“夹窫窳之尸,皆操不死之药以距之”的场景。《大荒西经》也记载了十位巫师在丰沮玉门的“从此升降”,“百药爰在”。除此之外,《山经》中对各山神的祭祀,也是巫术活动的一种体现。如《西山经》:“凡西经之首,自钱来之山至于䮰山,凡十九山,二千九百五十七里,华山冢也,其祠之礼:太牢。羭山,神也,祠之用烛,斋百日以百牺,瘗用百瑜,汤其酒百樽,婴以百珪百璧。其余十七山之属,皆毛牷用一羊祠之。烛者,百草之未灰,白蓆采等纯之。”这是对山神的祭祀场景,在这种祭祀场景之中,行祭祀活动的必然是群巫无疑了,这也反映了在上古时期国家对祭祀的重视以及巫师的数量之多。从《山海经》中记载的巫师还可以看到,巫师在进行祭祀活动时他们的装扮也是异于常人的。如《海外西经》曰:“巫咸国在女丑北,右手操青蛇,左手操赤蛇。在登葆山,群巫所从上下也。”可以看到这里的巫师“右手操青蛇,左手操赤蛇”,装扮非常怪异,而“在登葆山,群巫所从上下也”的记述则反映了巫师的活动方式,在上古时代,巫师被认为是通神之人,祭祀活动中群巫的“升降”“上下”等,就是他们通神的独特方式的体现。

《山海经》中的巫术活动还表现在对吉凶的占卜方面。上古时期科技不发达,古人在发动战争或举行一些重大的活动之前,都要让巫师占卜吉凶,《山海经》中很多地方对吉凶的预兆就是上古占卜之风盛行的遗存。不同之处在于,《山海经》中对吉凶的预示,通常是通过某种生物的出现或消失来判断的。现举几例如下:

又东五百里,曰鸡山,其上多金,其下多丹雘。黑水出焉,而南流注于海。其中有鯥鱼,其状如鲋而彘毛,其音如豚,见则天下大旱。(《南山经》)

有天神焉,其状如牛,而八足二首马尾,其音如勃皇,见则其邑有兵。(《西山经》)

有兽焉,其状如牛而虎文,其音如钦,其名曰軨軨,其鸣自叫,见则天下大水。(《东山经》)

又东三百五十里,曰几山,其木多楢、檀、杻,其草多香。有兽焉,其状如彘,黄身、白头、白尾,名曰闻豨,见则天下大风。(《中山经》)

据粗略统计,《山海经》中有 50 多条记载涉及上述这种对吉凶的预示,可以看到,作为征兆物的全部都是动物,其中异兽 21 条、鸟 16 条、蛇 6 条、鱼 6 条、“天神”(其实也是动物)3 条。在所预示的结果中,大旱 14 次、大水 8 次、大兵 10 次、大疫 4 次、有恐 3 次、讹火 2 次、天下安宁 3 次,大风 2 次、土功 2 次,多放士、有大繇、大穰、风雨水为败各 1 次。而这些对吉凶的预示,很大一部分也成了后世的民间信仰和禁忌,具有深远的影响。

《山海经》也是中国古代记录和保存神话故事最多的文献。

《山海经》中的神话主要有精卫填海、帝女化草、夸父逐日、鲧禹治水、烛龙神话、昆仑山和西王母神话、十日的神话、黄帝擒蚩尤的神话、刑天神话等。《山海经》中的神话历来为文人所关注，后世的很多散文家、诗人、小说家等都从《山海经》的神话传说中汲取营养。屈原的《天问》被称作是内容截至春秋末年的神话史诗，涉及的神话传说有开天辟地的神话、治水神话、烛龙神话以及夏、商、周三代的古史神话等。《庄子》一书也吸收了大量《山海经》中的神话，并将其哲理化。陶渊明的组诗《读〈山海经〉诗》句句源于《山海经》。李白的《梦游天姥吟留别》《蜀道难》《北风行》《日出入行》等诗中，很多内容也都取材于《山海经》中的神话传说。如《日出入行》就叙及了羲和驭日的神话："羲和羲和，汝奚汩没于荒淫之波。"柳宗元《行路难》(其一)诗，也化用了夸父逐日和《山海经·大荒东经》中"竫人"的神话："君不见夸父逐日窥虞渊，跳踉北海超昆仑。披霄决汉出沆漭，瞥裂左右遗星辰。须臾力尽道渴死，狐鼠蜂蚁争噬吞。北方竫人长九寸，开口抵掌更笑喧。"除此之外，李贺、李商隐的诗中，也大量化用了《山海经》中的神话传说。段成式《酉阳杂俎》中，也有对《山海经》神话传说的征引。宋代的欧阳修则对《山海经图》表现出极大的兴趣，并写有《山海经图诗》，不一而举。《山海经》之所以到明清时期被归到小说类，也跟其中所记录的大量神话传说相关。鲁迅说："中国之神话与传说，今尚无集录为专书者，仅散见于古籍，而《山海经》中特多。"[①]袁珂也说"《山海经》匪特史地之权舆，乃亦神话之渊府"[②]。就小说而言，

① 鲁迅：《中国小说史略》，第7页，上海古籍出版社，1998年版。

② 袁珂：《山海经校注》，第4页，北京联合出版公司，2014年版。

《汉武帝》《汉武故事》等道教小说中的西王母形象，其渊源可以追溯到《山海经》；《神异经》中对东王公形象的描述，明显模仿《山海经》中对西王母形象的描述。后世的神魔小说《西游记》中很多神怪如猪八戒、孙悟空以及各路妖魔等人、神、兽杂糅的形象，也都模仿《山海经》中对异兽、异物的描写而来。《西游记》中唐僧取经行经的很多国家的名称，也有《山海经》中远方异国的影子，如女儿国与《山海经》中的女子国，就有明显的传承关系。可以说，古诗词、小说、戏剧对《山海经》中神话材料的运用不胜枚举，所有这些都说明《山海经》中的神话传说对后世文学所产生的巨大影响。

《山海经》自西汉刘歆始，就被认为是一部地理书。《隋书·经籍志》《旧唐书·经籍志》《新唐书·艺文志》等正史也都将《山海经》著录到史部地理类。《山海经》的地理学价值，主要表现在《山经》部分。从结构上来看，《山经》以南、西、北、东、中的顺序将海内的山脉分成五个区域，每个区域又分成若干山系，按照一定的方向依次叙述每列山系的山名、与前山的方位里距以及源自山中的水道、动植物产、神迹等。据谭其骧研究，《山经》中记述的山一共有四百七十座，这些山中，见于汉晋以来记载，可以指系确切的约为一百四十座，占总数的三分之一。由此，谭其骧说："《五藏山经》在《山海经》全书各部分中最为平实雅正，尽管免不了杂有一些传闻、神话，基本上是一部反映当时真实知识的地理书。"①在古代的地理学研究中，最为认可《山海经》地理价值的学者要数北魏时期的郦道元，他的《水经注》引用《山海经》

① 谭其骧：《〈五藏山经〉的地域范围提要》，引自中国《山海经》学术讨论会编辑《〈山海经〉新探》，第13页，四川省社会科学院，1986年1月版。

的内容达107条之多，而据郦道元的《水经注序》记载，他在注解《水经》时引述的内容大都是经过实地考察的，他说："《大传》曰：'大川相间，小川相属，东归于海。'脉其支流之吐纳，诊其沿路之所躔，访渎搜渠，缉而缀之。"①由此来看，郦道元所引《山海经》资料应该都是经过他亲自勘验的，这一方面可看出他治学的严谨，另一方面也说明《山海经》记述山川道里的准确。

除对山川道里的记述之外，《山海经》还记录了260多种动物和130多种植物以及其他物产，这也是《山海经》地理学价值的重要体现，不再详述。正是因为《山海经》地理博物的性质，使得以《山海经》为起点，到汉代的《神异经》《十洲记》《洞冥记》《括地志》，魏晋时期的《博物志》《玄中记》，南北朝时期的《述异记》等，构成了地理博物志怪的体系。

《山海经》还具有重要的医药学价值。据不完全统计，全书记载各类药物达一百多种，对每一种药物的种类、产地、形态和药用价值等，书中都有较详细的介绍。如《南山经》曰："又东三百里柢山……有鱼焉，其状如牛，陵居，蛇尾有翼，其羽在魼下，其音如留牛，其名曰鯥，冬死而夏生，食之无肿疾。"从文中的记述可以看到，这种怪鱼体貌特征像牛，长着一条蛇尾巴，还长着双翼，不伦不类，很是古怪。明明是鱼，却住在地势高的地方，而且还能死而复生，真是让人匪夷所思。有学者经过考证认为，"实际上，这个'怪物'不是别的，就是我们今天熟知的穿山甲。穿山甲尽管居住在山上，但它周身长满鳞片，看起来确实像鱼，所以《山经》把它归为鱼类；它的尾巴长而尖，又长着鳞片，所以

---

① (北魏)郦道元著，陈桥驿疏证：《水经注疏证·水经注原序》，第1页，中华书局，2007年版。

《山经》把它比作蛇;有些穿山甲两肋下长有毛,看起来像长着翅膀;至于说它'其状如牛',也只是大致形容其体型而已;穿山甲是一种冬眠动物,所以说它'冬死夏生'。书中还说'食之无肿疾',就是说吃它的肉可以消肿,李时珍《本草纲目》记载穿山甲的药效,说它'通经脉,下乳汁,消痈肿,排脓血',也说它具有消肿化瘀的功效,可见对穿山甲药效的认识,从《山海经》到《本草纲目》一脉相承。直到今天,穿山甲还被中医用为药物"①。《山海经》中这一百多种药物可以防治的疾病,从医学的角度总体上可以分成内科、外科、五官科、神经科、皮肤科等多种类型,其中有些病名一直到今天还在沿用,如风寒、癣、痔、肿、心痛、聋、痤、疣等。从用药的方式来看,分别是食之、服之、浴之、佩之。可以看到,不论从药物的名称、功效、治疗的疾病还是用药的方式,《山海经》中都有详细的记述,这对于中药学的研究具有重要的意义和价值。

《山海经》中还记载有100多个(包括同名者在内)远方异国,这些远方异国对后世文学产生了深远的影响。《淮南子·地形训》中记载的36个远方异国,大多承《山海经》而来。《神异经》《博物志》《拾遗记》《西游记》《东周列国志》《封神演义》《镜花缘》等对远方异国的描写,都或多或少受到了《山海经》的影响。除此之外,《山海经》还记载有220多处金、银、铜、铁、锡和玉石等矿藏,现在大多可以证实,不再详述。

三

《山海经》之名始见于《史记》,司马迁在《史记·大宛列

① 刘宗迪:《〈山海经〉并非物谱,而是博物志》,《绿色中国》2018年第12期。

传》中说："至《禹本纪》《山海经》所有怪物，余不敢言之也。"正因为如此，《山海经》在西汉一代仅有少数人关注，刘歆就是其中之一。他在《上山海经表》中说："(《山海经》)内别五方之山，外分八方之海，纪其珍宝奇物，异方之所生，水土草木禽兽昆虫麟凤之所止，祯祥之所隐，及四海之外，绝域之国，殊类之人。"刘向、刘歆父子博学多才，刘歆对《山海经》有非常高的评价，他说："《山海经》皆圣贤之遗事，古文之著明者也。其事质明有信……故《易》曰：'言天下之至赜而不可乱也。'博物之君子，其可不惑焉。"刘歆之后，《山海经》才逐渐被世人所关注，到西晋，郭璞为《山海经》作注，他也是中国古代第一个为《山海经》作注的人，说明到两晋时期人们已经逐渐认识到了《山海经》的价值。郭璞在注《山海经叙》中就说："世之览《山海经》者，皆以其闳诞迂夸……怪所不可怪，则未始有可怪也。"因为自西汉刘歆开始，大都认为《山海经》是一部地理书，所以北魏郦道元在给《水经》作注时，大量引用了《山海经》的内容，据统计，《水经注》对《山海经》的引用达107条之多，其中引用《南山经》3条、《西山经》23条、《北山经》19条、《东山经》1条、《中山经》61条，多集中在黄河、渭河、洛河流域。这表明《郦道元》对《山海经》作为地理书所具有的地理价值是认可的。除作为地理书被广泛关注之外，魏晋南北朝时期的很多文人也非常喜欢《山海经》中的神话故事，并将其作为案头的必读之书。如陶渊明不但熟读《山海经》，而且还写有组诗《读〈山海经诗〉》，表现出对《山海经》中相关神话的极大兴趣。唐、宋、元三代是《山海经》研究相对沉寂的时期，但《山海经》中的神话故事仍然为很多文人所津津乐道，这部分内容前文已有涉及，不再详述。

明清时期是《山海经》研究的黄金期。明代的《山海经》注本主要有杨慎的《山海经补注》（一卷）、王崇庆的《山海经释义》（十八卷）、刘会孟的《评山海经》（十八卷）。杨慎喜好古文字，具有深厚的文字、音韵学的功底，并著有《奇字韵》《古音骈字》等著作，因此他对《山海经》文字的解读常常有一些与众不同的见解，他的《山海经补注》对《山海经》经、传文字中的讹误多有校正。如卷四"玄股之国在其北，其为人衣鱼食鴄"句下，郭璞注曰："鴄，水鸟也，音忧。"杨慎《补注》则曰："鴄，即鸥。"王崇庆的《山海经释义》和刘会孟的《评山海经》，都注重对《山海经》义理的阐发，不同之处在于王崇庆从维护封建正统的立场出发对《山海经》进行评论；刘会孟的《评山海经》已散佚，从吴任臣《山海经广注》征引的四十余条来看，主要是对山川地理的解说，其中也有一些是对名物的训诂。

清代的《山海经》注本主要有吴任臣的《山海经广注》、汪绂的《山海经存》、毕沅的《山海经新校正》、郝懿行的《山海经笺疏》等。作为清代最早的《山海经》注本，吴任臣的《山海经广注》，主要是对《山海经》文字、名物的考释，他摒弃了明代对经、注加以评论的做法，初步体现了后来乾嘉文人重考据的注解特色。吴任臣的《山海经广注》，在吸收征引郭璞、杨慎、王崇庆、刘会孟等前人注解成果的基础上，旁征博引，所引书目530多种。除此之外，吴任臣还对《山海经》进行了一次认真的辑佚工作，并辑得逸文三十四条，这是到清朝为止对《山海经》逸文的第一次辑补，具有重要的文献学价值。汪绂的《山海经存》在《山海经》文字训诂以及地理研究方面也有很大的贡献，他纠正了郭璞《山海经注》中一些错误的注解，还将当时欧洲传教士带到中国的西方有关自然科学的知识运用到了对《山海经》山川地理的注解当中。如《山海经》卷五"禹曰：天下名山，经五千三百七十山，六万四千五十六里，居地也。……”一段下，汪绂注曰：“据西学推之，地球九万里，则其径五万里。自南极至北极，地面上相去四万五千里，东西亦如之。盖西学以北极高下经纬之度合日影长短。参合之，每二百五十里而北极高下度应之，是为可据云。”①其中“地球九万里”“其径五万里”“经纬”等都是西方有关自然科学的术语，体现了汪绂接受科学知识的进步思想倾向。

毕沅《山海经新校正》的问世，既受时代风气的影响，也是毕沅个人学术倾向的表现。毕沅生活的乾嘉时期，是清王朝的鼎盛时期，同时也是对中国古代史学、地理学的大清理、大总结的时期。他的《山海经新校正》，在注解经文的过程中，避免了郭璞《山海经注》与汪绂《山海经存》虽精简但失于疏略，以及吴任臣《山海经广注》虽征引广博但又多小说家语的不足。受乾嘉时期崇尚实学的考据之风的影响，毕沅的《山海经新校正》在对山川地理进行详细考证的同时，对经传文字的讹误也进行了训释和校勘，还对《山海经》的古今篇目进行了订正，提出了独特的见解，具有重要的文献学价值。正如毕沅在《〈山海经〉古今篇目考》中所称：“一考篇目，则古本与汉时所传可得而定。二考文字，此书多偏旁相合之字，篆文所无详。郭既有音，则自晋时已尔，其据书传所引灼知俗写者改正经文，余则证以《玉篇》《广韵》，然二书所见，亦取俗本，经文实不足据。三考山名水道，地理家记载山水即有与经同名，道里不合，俱所不取。”

在清代的《山海经》注本中，郝懿行的《山海经笺疏》博采众长，是《山海经》注解与考证的集大成者。《山海经笺疏》的主要成就在训诂和考证方面。郝懿行一方面完整保留了郭璞注的内

---

① 汪绂：《山海经存·中山经》，杭州古籍书店，1984年版。

容，另一方面又兼采吴任臣《山海经广注》和毕沅《山海经新校正》的长处，注释周详，考证严密，体例严谨。对此，郝懿行在《山海经笺疏》中有明确的说明，他说："今世名家则有吴氏、毕氏。吴征引极博，泛滥于群书；毕山水方滋，取证于耳目。二书于此经，厥功伟矣。至于辨析异同，刊正讹谬，盖犹未暇以详。今之所述，并采二家所长，作为《笺疏》，笺以补注，疏以证经。卷如其旧，别为《订讹》一卷，附于篇末。计创通大义百余事，是正讹文三百余，事凡所指擿，虽颇有依据，仍用旧文，因而无改，盖放郑君康成注经不敢改字之例云。"可以看到，郝懿行认为吴任臣的《山海经广注》和毕沅的《山海经新校正》在"辨析异同，刊正讹谬"方面"犹未暇以详"，因此他的《山海经笺疏》更注重对名物的训诂和考证。

今人的《山海经》研究者中，要数袁珂成就最大，他有《山海经校注》《山海经校释》《山海经全译》等著作，尤其是他的《山海经校注》，在广泛吸取《山海经》古今研究成果的基础上，又有诸多创新，是《山海经》研究的集大成之作，不再详述。

本书原文以袁珂《山海经校注》①作为底本，对篇目进行了精心筛选，注释方面主要是对生僻字词的注音和释义；译文方面在尽可能忠实文本的基础上，力求文字晓畅通达。在注译的过程中，除个人的搜罗枚举、分析定夺之外，主要参考郭璞的《山海经注》、吴任臣的《山海经广注》、毕沅的《山海经新校正》、郝懿行的《山海经笺疏》以及袁珂《山海经校注》《山海经全译》②等书的注解及相关研究成果，并择善而从。

不足之处，祈请方家惠赐批评，匡正不逮！

---

① 袁珂：《山海经校注》，北京联合出版公司，2014年4月版。

② 袁珂：《山海经全译》，北京联合出版公司，2016年10月版。

目　录

卷一　南山经

〔题解〕

《南山经》有三大山系，共计四十座山，总长一万六千三百八十里，主要记叙了南方三大山系的山名、地貌、矿藏、植被、水源和奇珍异兽，以及每列山系的山神祭祀情况。

《南山经》的山系水源丰富但植被较少，山上多怪蛇、怪木。其中有祝余、迷穀这样吃了可以让人不饥饿、不迷路的植物，还有吃了人就不会感到饥饿而且可以忘记忧愁，其汁液还可以用来染玉石的神异植物白䓘等。

《南山经》中记载的异兽和鸟类较多，有吃人的蠪和蛊雕，有没有嘴吃东西却能存活的䑏。有些动物可以治疗疾病，如鹿蜀、九尾狐；有些可以带来好运，如象征安宁吉祥的凤凰和鹓雏；还有一些看见它们就预示不吉之兆的鸟兽，如狸力、猾褢、长右和鴸鸟等，它们一出现就会给当地带来水灾等大祸患。

《南山经》之首曰䧿山[①]。其首曰招摇之山[②]，临于西海[③]之上，多桂，多金、玉。有草焉，其状如韭[④]而青华，其名曰祝余[⑤]，食之不饥。有木焉，其状如榖[⑥]而黑理[⑦]，其华四照，其名曰迷榖[⑧]，佩之不迷。有兽焉，其状如禺⑨而白耳，伏行人走，其名曰狌狌⑩，食之善走。丽𪊨之水⑪出焉，而西流注于海，其中多育沛⑫，佩之无瘕疾⑬。

〔注释〕

①䧿(què)山：山名，䧿，同“鹊”字。

②招摇之山：古代传说中的山名。山上多桂树。《吕氏春秋·本味》：“和之美者，阳朴之姜，招摇之桂。”唐陈子昂《感遇》诗之十二：“招摇青桂树，幽蠹亦成科。”

③西海：传说中西方之神海。《楚辞·离骚》：“路不周以左转兮，指西海以为期。”

④韭：韭菜。多年生草本植物，叶细长而扁，夏秋间开小白花，叶和花嫩时可食，种子可入药。

⑤祝余：古代传说中的一种草本植物，像韭菜，长有蓝(或为绿或者黑)花，食之可长年不饥。

⑥榖：即构树，落叶乔木，木材可做器具等用，而树皮可作为桑皮纸的原料。陶弘景注《本草经》云：“榖即今构树是也。榖构同声，故榖亦名构。”

⑦黑理：黑色的纹理。

⑧迷榖：古书上说的一种树，形似构木，木纹是黑色的。

⑨禺(yù)：古代传说中一种形似猕猴的动物。《说文》：“禺，母猴属，头似鬼。”

⑩狌狌(xīng)：即猩猩。汉王充《论衡·是应篇》：“狌狌知往，干鹊知来。”谢无量《溯江还蜀奉寄会稽山人》诗：“笑工依狒狒，语好乱狌狌。”

⑪丽𪊨之水：古代传说中的水名。

⑫育沛：古代传说中生长在丽𪊨之水中的生物，将其佩在身上可以免受蛊胀病之苦。

⑬瘕(jiǎ)疾：腹中结块的病。郭璞注云：“虫病也。”袁珂案：“当即今之所谓蛊胀病。”

〔译文〕

南方的第一列山系叫䧿山。其中的第一座山叫招摇山，它雄踞在西海岸边，山上生长着很多桂树，多产金属矿物和玉石。山上有一种草，形状像韭菜，开青色的花，它的名字叫祝余，吃了就不会感到饥饿。有一种树，形状像构树，有黑色的纹理，它的光华照耀四方，名叫迷榖，佩戴在身上就不会迷路。有一种野兽，形状像猿猴，耳朵是白色的，能够用四肢走路，也能像人一样直立快跑，名叫狌狌，吃了它的肉就可以跑得很快。丽麐之水从这里发源，向西流注入大海，水中生长着许多育沛，佩戴它就不会得腹中结块的病。

又东三百里，曰堂庭之山，多棪木[①]，多白猿，多水玉[②]，多黄金。

〔注释〕

①棪(yǎn)木：古书上说的一种树，果实似柰，红色，可以吃。《尔雅·释木》："棪，梾其。"

②水玉：水晶的古称。

〔译文〕

䧿山向东三百里的地方，叫堂庭山，山上生长着许多棪木，有许多白色猿猴，多产水晶和黄金。

又东三百八十里，曰猨翼之山[①]，其中多怪兽，水多怪鱼，多白玉，多蝮虫[②]，多怪蛇，多怪木，不可以上。

〔注释〕

①猿(yuán)翼:古代山名,也作“即翼”。王念孙《疏证》云:“《一切经音义》九十三引作即翼之山。”

②蝮虫:传说中的毒蛇名。

〔译文〕

堂庭山向东三百八十里的地方,叫作猿翼山,山上有许多的怪兽,水中生长着许多怪鱼。多产白玉,有许多毒蛇和怪蛇,还生长着许多怪树,人不可以上去。

又东三百七十里,曰杻阳之山①,其阳②多赤金③,其阴多白金④。有兽焉,其状如马而白首,其文⑤如虎而赤尾,其音如谣⑥,其名曰鹿蜀⑦,佩之宜子孙。怪水出焉,而东流注于宪翼之水⑧。其中多玄龟⑨,其状如龟而鸟首虺尾⑩,其名曰旋龟⑪,其音如判木⑫,佩之不聋,可以为底⑬。

〔注释〕

①杻(niǔ)阳之山:古代传说中的山名。

②阳:山的南面或水的北面,这里指杻阳山的南面。

③赤金:指铜。郭璞注云:“铜也。”南朝梁江淹《铜剑赞》:“黑金是铁,赤金是铜,黄金是金。”

④阴:山的北面或水的南面,这里指杻阳山的北面。

⑤文:通“纹”,纹路,花纹。

⑥谣:古代指不用乐器伴奏的歌唱,这里指人的歌声。《尔雅·释乐》

云:“徒歌谓之谣。”

⑦鹿蜀:古代传说中的兽名。

⑧宪翼:古代传说中的水名。

⑨玄龟:大龟。

⑩虺(huǐ)尾:虺蛇的尾巴。虺,古书上说的一种毒蛇。

⑪旋龟:古代传说中的异龟。

⑫判木:指断木的声音。郭璞注云:“如破木声。”判,剖开。

⑬为:治疗。底:同“胝”,指手掌或脚掌的厚茧。

〔译文〕

堂庭山向东三百七十里的地方,叫作杻阳山,山的南面多产铜,北面盛产白金。山上有一种野兽,它的形状像马,头是白色的,身上的斑纹像老虎,尾巴是红色的,叫声像人在唱歌,它的名字叫鹿蜀,佩戴它的皮毛可以使人子孙繁盛。有怪水从山上流出,向东流注入宪翼水。怪水之中有许多大龟,形状像乌龟,有着鸟的头和毒蛇的尾巴,它的名字叫旋龟,它的叫声像劈木头的声音,佩戴它可以使人耳朵不聋,还可以治疗手脚上的老茧。

又东三百里柢山①,多水,无草木。有鱼焉,其状如牛,陵居②,蛇尾有翼,其羽在魼③下,其音如留牛④,其名曰鯥⑤,冬死而夏生⑥,食之无肿疾⑦。

〔注释〕

①又东三百里柢山:袁珂案:“宋本、吴宽抄本、明《藏经》本,‘柢’上有‘曰’字,此脱。”柢(dǐ)山:古代山名。

②陵居:居于高地。陵,高地。

③魼(xié):郭璞注云:“亦作胁。”指从腋下到肋骨尽处的部分。

④留牛：兽名。郭璞注云："牛似虎文者。"俞樾《读山海经》："留牛即犁牛也。留与犁本双声字，例得通。"

⑤鯥(lù)：古代传说中的一种怪鱼。

⑥冬死：指动物冬眠。

⑦肿疾：一种疾病，使人皮肉浮胀。《说文》云："肿，痈也。"

〔译文〕

柢阳山向东三百里的地方，叫作柢山。山上多水，没有草木。水中生长着一种形状像牛的怪鱼，生活在地势较高的地方，长着蛇的尾巴，有翅膀，长在胁下，它的叫声像犁牛，名字叫鯥。这种鱼到了冬季就会休眠，夏天就会苏醒过来。吃了这种鱼，可以防治身体浮肿的疾病。

又东四百里，曰亶爰之山①，多水，无草木，不可以上。有兽焉，其状如狸②而有髦③，其名曰类④，自为牝牡⑤，食者不妒。

〔注释〕

①亶爰：传说中的山名。郭璞注云："亶音蝉。"

②狸：又叫山猫，毛棕黄色，有黑色斑纹。

③髦：动物头颈上的长毛。

④类：兽名，传说中的一种野兽。杨慎补注云："今云南蒙化府有此兽，土人谓之香髦，具两体。"

⑤自为牝牡(pìnmǔ)：指雌雄同体。牝牡，鸟兽的雌性和雄性。《荀子·非相》："夫禽兽有父子而无父子之亲，有牝牡而无男女之别。"《史记·龟策列传》："禽兽有牝牡，置之山原；鸟有雌雄，布之林泽；有介之虫，置之溪谷。"

〔译文〕

柢山向东四百里的地方，叫作亶爰山。那里多水，没有草木，山势险峻不能攀登。山上有一种野兽，它的形状像野猫，头上长着长毛，名字叫类。这种动物雌雄同体，可以自行交配，人吃了它的肉就不会产生妒忌心。

又东三百里，曰基山，其阳多玉，其阴多怪木。有兽焉，其状如羊，九尾四耳，其目在背，其名曰猼訑①，佩之不畏。有鸟焉，其状如鸡而三首六目，六足三翼，其名曰鹇鸺②，食之无卧③。

〔注释〕

①猼訑（bótuó）：传说中的兽名。

②鹇鸺（chǎngfū）：传说中的一种鸟名。鹇，《太平御览》卷五十引此作"鹇"。

③无卧：指睡眠少。郭璞注云："使人少眠。"

〔译文〕

亶爰山向东三百里的地方，叫作基山，这座山的南面多产玉石，北面生长着许多怪木。山上有一种野兽，形状像山羊，有九条尾巴四只耳朵，它的眼睛长在背上，名字叫猼訑，佩戴它的皮毛人就不会恐惧。有一种鸟，它的形状像鸡，有三个脑袋六只眼睛，还长着六条腿和三个翅膀，它的名字叫鹇鸺，吃了它的肉可以使人精神振奋，不想睡觉。

又东三百里，曰青丘之山，其阳多玉，其阴多青雘[①]。有兽焉，其状如狐而九尾，其音如婴儿，能食人，食者不蛊[②]。有鸟焉，其状如鸠，其音若呵[③]，名曰灌灌[④]，佩之不惑。英水出焉，南流注于即翼之泽[⑤]。其中多赤鱬[⑥]，其状如鱼而人面，其音如鸳鸯，食之不疥[⑦]。

〔注释〕

①青雘(hù)：又名青臒(huò)，一种矿物颜料，古人常用它来涂饰器物。

②不蛊：古谓不受邪气或毒物侵害。蛊，病名。俞樾《读山海经》曰："蛊乃病名。"

③呵：呼叫声。郭璞注云："如人相呵呼声。"

④灌灌：神话传说中的鸟名。袁珂案："《吕氏春秋·本味篇》：'肉之美者，獾獾之炙。'高诱注：'獾獾，鸟名，形则未闻。獾，一作獲。'即此也。"

⑤即翼之泽：指即翼泽。《五藏山经传》卷一："其东复有一水，二源合南流，亦注于泽，象接内，故曰即翼之泽也。"

⑥鱬(rú)：古书中记载的一种人面鱼身的动物。一说即儒艮，生活在海中或河口，前肢呈鳍状，后肢退化。

⑦疥：一种传染性皮肤病，非常刺痒，是疥虫寄生而引起的，通常称"疥疮"，亦称"疥癣"。

〔译文〕

基山向东三百里的地方，叫作青丘山，山的南面多产玉石，北面多产一种青色的矿物颜料。山上有一种野兽，它的形状像狐狸，长着九条尾巴，声音像婴儿啼哭，能吃人；人如果吃了它的肉，就会不受邪气毒物的侵害。有一种鸟，它的形状像鸠，声音像人大声呼叫，名字叫作灌灌，人们佩戴它的羽毛就可以不受迷惑。英水从这里发源，向南流入即翼泽。水中有许多赤鱬，样子像鱼，长着人的脸，它的声音像鸳鸯的叫声，吃了它的肉就不会长疥疮。

又东三百五十里，曰箕尾之山①，其尾踆②于东海。多沙、石。汸水③出焉，而南流注于淯④，其中多白玉⑤。

〔注释〕

①箕尾之山：即箕尾山，古代传说中的山名。

②踆(dūn)：古"蹲"字。《说文》："蹲，踞也。"此处指盘踞。

③汸(fāng)水：传说中的河流名称。

④淯(yù)：淯水，亦作"育水"，今河南白河的古称。

⑤白玉：白色的玉，亦指白璧。

〔译文〕

青丘山向东三百五十里的地方，叫作箕尾山，山的尾端坐落于东海岸边。山上有许多沙子和石头。汸水从这里流出，南流注入淯水，水中多产白玉。

凡䧿山之首，自招摇之山，以至箕尾之山，凡十山，二千九百五十里。其神状①皆鸟身而龙首。其祠②之礼：毛③用一璋④玉瘗⑤，糈⑥用稌米⑦，一璧，稻米，白菅⑧为席⑨。

〔注释〕

①神状：山神的形貌。

②祠：祭祀。

③毛：历来说法不一。郭璞注云："言择牲取其毛色也。"袁珂案："毛谓祀神所用毛物也，猪、鸡、犬、羊等均属之。"

④璋：古代的一种玉器，形状像半个圭。

⑤瘗（yì）：掩埋，埋葬。

⑥糈（xǔ）：精米，古代用以祭神。郭璞注云："糈，祀神之米名。"

⑦稌（tú）米：即粳米。郭璞注云："稌，稌稻也。"

⑧白菅（jiān）：白茅草。郭璞注云："菅，茅属也。"

⑨席：降神用的席子。郝懿行《笺疏》曰："席者，藉以依神。"

〔译文〕

整个䧿山山系，从招摇山到箕尾山，共计有十座山，二千九百五十里。这些山的山神形貌都是鸟的身子龙的头。祭祀这些山神的礼仪：用一块璋、一块玉和祭神所用的毛物一起埋在地里，祭神的精米用粳稻，还有一块璧和稻米，用白茅草编织的席子作为山神的坐席。

《南次二经》之首，曰柜山①，西临流黄②，北望诸𣆉③，东望长右④。英水出焉，西南流注于赤水⑤，其中多白玉，多丹粟⑥。有兽焉，其状如豚⑦，有距⑧，其音如狗吠，其名曰狸力⑨，见则其县多土功⑩。有鸟焉，其状如鸱⑪而人手，其音如痺⑫，其名曰鴸⑬，其名自号也，见则其县多放士⑭。

〔注释〕

①柜（jǔ）山：《五藏山经传》卷一："柜山，拉撒诏东北之央噶拉岭也。

柜同巨,准器,盛水者也。岭东之噶尔招木伦江形方,似之。”

②流黄:袁珂案:“国名,即流黄酆氏、流黄辛氏,见《海内西经》及《海内经》。”

③诸毗(pí):说法不一。郭璞注云:“(诸毗、长右)皆山名。”袁珂案:“诸毗亦水名,见后郭注。”

④长右:山名,即后文“长右之山”。

⑤赤水:古代神话传说中的水名。《庄子·天地》:“黄帝游乎赤水之北,登乎昆仑之丘而南望,还归,遗其玄珠。”《楚辞·离骚》:“忽吾行此流沙兮,遵赤水而容与。”《穆天子传》卷二:“天子已饮而行,遂宿于昆仑之阿,赤水之阳。”

⑥丹粟:细粒的丹砂。汉张衡《南都赋》:“青䨼丹粟,太一余粮。”唐皮日休《太湖诗·练渎》:“底静似金膏,砾碎如丹粟。”

⑦豚:小猪,亦泛指猪。

⑧距:雄鸡爪子后面突出像脚趾的部分。《说文》云:“距,鸡距也。”

⑨狸力:传说中的兽名。

⑩土功:指治水、筑城、建造宫殿等工程。《尚书·益稷》:“启呱呱而泣,予弗子,惟荒度土功。”《吕氏春秋·季夏》:“不可以兴土功,不可以合诸侯,不可以起兵动众,无举大事。”

⑪鸱(chī):指鹞鹰。

⑫痹(pí):郭璞注云:“未详。”《尔雅·释鸟》:“鹈鹕,其雄鹊,牝痹。”

⑬䳓(zhū):古代传说中一种不吉祥的怪鸟,形状像猫头鹰却长着人手。

⑭放士:被放逐的人。晋陶潜《读〈山海经〉》诗之十二:“䳓鹅见城邑,其国有放士。”

〔译文〕

南方第二列山系的第一座山,叫柜山,山的西边靠近流黄国,向北可以看见诸毗山,向东可以望见长右山。英水从这里发源，向西南流入赤水，水中多产白玉和细粒的丹砂。山上有一种野兽，它的形状像小猪，有雄鸡的爪子，它的声音像狗叫，它的名字叫狸力，出现在哪个县，这个县就会大兴土木。有一种鸟，形状像鹞鹰却长着人的手，声音像雄鹑的叫声，它的名字叫鴸，这个名字是根据它自己的叫声得来的，出现在哪个县，这个县就会有很多被放逐的人。

东南四百五十里，曰长右之山，无草木，多水。有兽焉，其状如禺而四耳，其名长右，其音如吟[①]，见则郡县大水。

〔注释〕

①吟：人的呻吟声。郭璞注云："如人呻吟声。"

〔译文〕

柜山东南四百五十里的地方，叫作长右山，山上没有草木，水很多。山上有一种野兽，它的形状像猿猴，长着四只耳朵，它的名字叫长右，叫声像人的呻吟声，出现在哪个县，这个县就会发大水。

又东三百四十里，曰尧光之山，其阳多玉，其阴多金。有兽焉，其状如人而彘鬣[①]，穴居而冬蛰[②]，其名曰猾裹[③]，其音如斫木[④]，见则县有大繇[⑤]。

〔注释〕

①彘鬣（zhìliè）：野猪身上长而刚硬的毛。彘，猪。

②冬蛰:动物到了冬天会蛰居冬眠。

③猾褢(huái):传说中的兽名。

④斫(zhuó)木:伐木。

⑤大繇(yáo):繁重的徭役。繇,同“徭”。郭璞注云:“谓作役也。或曰其县是乱。”郝懿行《笺疏》云:“《藏经》本作‘其县乱’,无‘是’字。”

〔译文〕

长右山向东三百四十里的地方,叫作尧光山,这座山的南面多产玉石,北面多产金属矿物。山上有一种野兽,它的形状像人,长着像野猪一样刚硬的长毛,居住在洞穴里,到了冬天就会蛰伏,它的名字叫作猾褢,它的叫声像伐木声,出现在哪个县,这个县就会出现繁重的徭役。

又东三百五十里,曰羽山①,其下多水,其上多雨,无草木,多蝮虫。

〔注释〕

①羽山:山名。舜杀鲧之处。郭璞注云:“今东海祝其县西南有羽山,即鲧之殛处,计其道里不相应,似非也。”

〔译文〕

尧光山向东三百五十里的地方,叫作羽山,这座山山脚下多水,山上经常下雨,没有草木,有许多毒蛇。

又东三百七十里,曰瞿父之山①,无草木,多金、玉。

〔注释〕

①瞿(qú)父之山:即瞿父山,传说中的山名。

〔译文〕

羽山向东三百七十里的地方，叫作瞿父山，山上没有草木，多产金属矿物和玉石。

又东四百里，曰句余之山①，无草木，多金、玉。

〔注释〕

①句余之山：即句余山。郭璞注云："今在会稽余姚县南，句章县北，故此二县因此为名云。见张氏《地理志》。"

〔译文〕

瞿父山向东四百里的地方，叫作句余山，山上没有草木，多产金属矿物和玉石。

又东五百里，曰浮玉之山，北望具区①，东望诸毗。有兽焉，其状如虎而牛尾，其音如吠犬，其名曰彘，是食人。苕水②出于其阴，北流注于具区。其中多鮆鱼③。

〔注释〕

①具区：古泽薮名，即太湖，又名震泽、笠泽。郭璞注云："具区，今吴县西南太湖也，《尚书》谓之震泽。"

②苕(tiáo)水：水名，在今浙江境内。

③鮆(cǐ)鱼：太湖里的一种鱼。郭璞注云："鮆鱼狭薄而长头，大者尺余，太湖中今饶之，一名刀鱼。"

〔译文〕

句余山向东五百里的地方，叫作浮玉山，山的北面可以望见太湖，东面可以望见诸毗。山上有一种野兽，它的形状像虎，长着牛的尾巴，它的声音像狗叫，名字叫彘，这种野兽会吃人。苕水从这座山的北面发源，向北流注入太湖，水中有许多鮆鱼。

又东五百里，曰成山，四方而三坛①，其上多金、玉，其下多青雘。阏水②出焉，而南流注于虖勺③，其中多黄金。

〔注释〕

①三坛：像垒起来的三层土坛。郭璞注云："形如人筑坛相累也。'成'亦'重'耳。"

②阏(shǐ)水：传说中的水名。

③虖(hū)勺：水名。

〔译文〕

浮玉山向东五百里的地方，叫作成山，这座山形状四方，像垒起来的三层土坛，山上多产金属矿物和玉石，山下多产一种青色的矿物颜料。阏水从这里发源，向南流注入虖勺水，水中多产黄金。

又东五百里，曰会稽之山①，四方，其上多金、玉，其下多砆石②。勺水出焉，而南流注于湨③。

〔注释〕

①会稽之山：即会稽山。郭璞注云："今在会稽山阴县南，上有禹冢及井。"

②砆(fū)石：似玉之石。郭璞注云："砆，武夫石，似玉。"

③溴(jú)：水名。

〔译文〕

成山向东五百里的地方，叫作会稽山，这座山形状四方，山上多产金属矿物和玉石，山下多产砆石。勺水从这里发源，向南流注入溴水。

又东五百里，曰夷山，无草木，多沙、石。溴水出焉，而南流注于列涂①。

〔注释〕

①列涂：水名。

〔译文〕

会稽山向东五百里的地方，叫作夷山，山上没有草木，有许多沙子和石头。溴水从这里发源，向南流注入列涂水。

卷二　西山经

〔题解〕

《西山经》有四大山系，共计七十七座山，总长一万七千五百一十七里。这些山脉当中有许多神话传说中的名山，如华山、不周山、玉山、昆仑丘、轩辕丘等；还出现了许多道教神话中的人物，如黄帝、少昊、西王母等。

这些山系中描写的动物和植物也带有神话色彩，如西王母座下的三青鸟、长相奇特的各种山神；有些还被认为可以用来预示吉凶、抵御危害、治疗疾病，可以看出古代先民以打猎为生的劳动生活以及认识自然的局限性和改造自然的生活智慧。

《西山经》华山之首，曰钱来之山，其上多松，其下多洗石①。有兽焉，其状如羊而马尾，名曰羬羊②，其脂可以已腊③。

〔注释〕

①洗石：含碱之石，能溶解污垢。郭璞注云："澡洗可以磢(chuǎng)体去垢圿(jiá)，磢，初两反。"

②羬(qián)羊：古代传说中的兽名。郭璞注云："今大月氏国有大羊，如驴，而马尾。《尔雅》云'羊六尺为羬'，谓此羊也。"

③腊(xī):皮肤干皱。郭璞注云:“治体皴。‘腊’音‘昔’。”

〔译文〕

《西山经》华山山系的第一座山,叫作钱来山,这座山上有许多松树,山下多产可以溶解皮肤污垢的石头。山上有一种野兽,它的形状像羊,长着马的尾巴,名叫羬羊,它的油脂可以治疗皮肤干皱皴裂。

西四十五里,曰松果之山。濩水[1]出焉,北流注于渭,其中多铜。有鸟焉,其名曰螐渠[2],其状如山鸡,黑身赤足,可以已曝[3]。

〔注释〕

①濩(huò)水:古代水名。郝懿行《笺疏》云:“《水经注》作灌水。”
②螐(tóng)渠:一种像山鸡的鸟,黑身红脚。
③曝(báo):皮肤起皱。郭璞注云:“谓皮皴起也。”

〔译文〕

钱来山向西四十五里的地方,叫作松果山。濩水从这里发源,向北流注入渭水,水中多产铜。山上有一种鸟,它的名字叫螐渠,形状像山鸡,长着黑色的羽毛、红色的爪子,可以用来治疗皮肤起皱。

又西六十里,曰太华之山[1],削成而四方[2],其高五千仞[3],其广十里,鸟兽莫居。有蛇焉,名曰肥𧔥[4],六足四翼,见则天下大旱。

〔注释〕

①太华之山：山名。袁珂案："即西岳华山，在今陕西华阴西南。"

②削成而四方：山像被刀斧削砍，呈四方形。

③仞：郭璞注云："仞，八尺也。"

④肥𧔥(yí)：即肥遗，蛇名。晋张华《博物志》卷十："华山有蛇名肥遗，六足四翼，见则天下大旱。"郝懿行《笺疏》云："'𧔥'当为'遗'。刘昭注《郡国志》及《艺文类聚》九十六卷并引此经，作'肥遗'。"

〔译文〕

松果山向西六十里的地方，叫作太华山，这座山像被刀斧削砍而成，呈四方形，它的高度有四千丈，宽度有十里，鸟兽都不能在这里居住。山上有一种蛇，名叫肥遗，长着六条腿四个翅膀。这种蛇一出现，天下就会大旱。

又西八十里，曰小华之山，其木多荆、杞，其兽多㸲牛①，其阴多磬石②，其阳多㻬琈之玉③。鸟多赤鷩④，可以御火⑤。其草有萆荔⑥，状如乌韭⑦，而生于石上，亦缘木而生，食之已心痛。

〔注释〕

①㸲(zuó)牛：古代传说中生长在华阴山上的一种牛。郭璞注云："今华阴山中多山牛、山羊，肉皆千斤，牛即此牛也。"

②磬石：厚而大的石头。郭璞注云："可以为乐石。"《石雅·乐石》："古之所谓磬石、乐石、鸣石或石鼓石者，皆取有声为义，尤当以灰石或钟乳为多。"

③㻬琈(tūfú)之玉：袁珂案："玉名，形态未详。《山经》中多记有之，

此其一也。”

④赤鷩(bì):即赤雉,山鸡的一种。郭璞注云:“赤鷩,山鸡之属,音鳖。”

⑤御火:谓避火灾。

⑥萆(bì)荔:即薜荔,香草,可作药用。袁珂案:“萆荔,香草,《楚辞·离骚》作薜荔。”

⑦乌韭:一种苔藓类植物,多生于潮湿的地方,又名昔邪、垣衣等。《广雅·释草》:“昔邪,乌韭也。”王念孙《疏证》曰:“皆苔属也。”

〔译文〕

太华山向西八十里的地方,叫作小华山,山上的树木主要有荆树、枸杞,兽类多是㸲牛。这座山的北面有许多磐石,南面多产㻬琈玉。鸟类多是赤雉,可以防御火灾。草类有萆荔,形状像乌韭类苔藓植物,可以生长在石头上,也可以攀缘树木而生,吃了它可以治疗心痛病。

又西八十里,曰符禺之山,其阳多铜,其阴多铁。其上有木焉,名曰文茎[1],其实如枣,可以已聋。其草多条,其状如葵,而赤华黄实,如婴儿舌,食之使人不惑。符禺之水出焉,而北流注于渭。其兽多葱聋[2],其状如羊而赤鬣[3]。其鸟多䳋[4],其状如翠[5]而赤喙,可以御火。

〔注释〕

①文茎:树名。

②葱聋:一种野羊。郝懿行《笺疏》云:“此即野羊之一种,今夏羊亦有赤鬣者。”

③赤鬣(liè):红色颈毛。鬣,马、狮子等颈上的长毛。

④䳢(mín)：古书上说的一种红嘴鸟，形状像翠鸟。郝懿行《笺疏》云："䳢当为鴖，《御览》引此经正作鴖。《说文》云：'鴖，鸟也。'《广韵》云：'鴖鸟似翠而赤喙。'"

⑤翠：翠鸟。郭璞注云："翠似燕而绀(gàn)色也。"

〔译文〕

小华山向西八十里的地方，叫作符禺山，山的南面多产铜，山的北面盛产铁。山上有一种树，名叫文茎，它的果实像枣，吃了可以治疗耳聋。山上的草多是条草，它的形状像葵，开红色的花，果实是黄色的，像婴儿的舌头，吃了它人就不会迷惑。符禺水从这里发源，向北流注入渭水。这座山上的野兽多是葱聋，形状像羊，长着红色的颈毛。山上有许多䳢鸟，形状像翠鸟，嘴是红色的，这种鸟可以预防火灾。

又西六十里，曰石脆之山①，其木多棕、楠，其草多条，其状如韭，而白华黑实，食之已疥。其阳多㻬琈之玉，其阴多铜。灌水出焉，而北流注于禺水。其中有流赭②，以涂牛、马无病。

〔注释〕

①石脆之山：山名。袁珂案："脆，王念孙、毕沅、郝懿行并校作脃(cuì)。"

②流赭(zhě)：红褐色的沙土。郭璞云："赭，赤土。"

〔译文〕

符禺山向西六十里的地方，叫作石脆山，山上有许多棕树、楠树，山上的草多是条草，它的形状像韭菜，开白色的花，果实是黑色的，吃了可以治疗疥疮。山的南面多产瓀琈玉，北面多产铜。灌水从这座山发源，向北流注入禺水。水中有红褐色的沙土，用它涂在牛、马身上就可以不生病。

又西七十里，曰英山，其上多杻、橿[①]，其阴多铁，其阳多赤金。禺水出焉，北流注于招水[②]，其中多鲜鱼[③]，其状如鳖，其音如羊。其阳多箭、䉋[④]，其兽多㸲牛、羬羊。有鸟焉，其状如鹑，黄身而赤喙，其名曰肥遗[⑤]，食之已疠[⑥]，可以杀虫。

〔注释〕

①杻(niǔ)、橿(jiāng)：杻树和橿树。郭璞注云："杻似棣而细叶，一名土橿，音纽；橿，木中车材，音姜。"

②招(sháo)水：水名。

③鲜(bàng)鱼：传说中的一种鱼。

④箭：即箭竹，也称刚竹，高近丈，节间三尺，坚劲，可制箭。䉋(mèi)：䉋竹。郭璞注云："今汉中郡出䉋竹，厚里而长节，根深，笋冬生地中，人掘取食之。"

⑤肥遗：鸟名。袁珂案："此肥遗鸟与上文肥遗蛇同名。"

⑥疠(lì)：恶疮。郭璞注云："疠，疫病也，或曰恶创。"

〔译文〕

石脆山向西七十里的地方，叫作英山，山上生长着许多杻树和橿树，山的北面盛产铁，南面多产赤金。禺水从这里发源，向北流注入招水，水中有许多鲜鱼，它的形状像鳖，叫声像羊。山的南面生长着许多箭竹和䉋竹，兽类多牪牛、羬羊。山上有一种鸟，形状像鹑鸟，长着黄色的羽毛，嘴是红色的，它的名字叫作肥遗，吃了它的肉可以治疗疫病，也可以用它杀死身体里的寄生虫。

又西五十二里，曰竹山，其上多乔木，其阴多铁。有草焉，其名曰黄雚①，其状如樗②，其叶如麻，白华而赤实，其状如赭，浴之已疥，又可以已胕③。竹水出焉，北流注于渭，其阳多竹、箭④，多苍玉⑤。丹水出焉，东南流注于洛水，其中多水玉，多人鱼⑥。有兽焉，其状如豚而白毛，大如笄⑦而黑端，名曰豪彘⑧。

〔注释〕

①黄雚（huán）：草名。雚，古同“萑”，荻，形状像芦苇，茎可编苇席。

②樗（chū）：樗树，即臭椿。

③已胕（fú）：治疗浮肿。郭璞注云：“治胕肿也。音‘符’。”

④箭：小竹子。郭璞注云：“箭，篠（xiǎo）也。”袁珂案：“篠，小竹也。见《说文》。”

⑤苍玉：青绿色的玉石。

⑥人鱼：即鲵鱼，俗称娃娃鱼。郭璞注云：“如鯑鱼，四脚。”袁珂案：“关于人鱼，《山海经》中恒记有之，陵鱼、龙鱼均是其别名，见《海内北经》及《海外西经》。”

⑦大如笄而黑端：毛像簪子一样粗壮，顶端是黑色的。笄（jī），古代的一种簪。郭璞注云：“笄，簪属。”

⑧豪彘：即豪猪，棘毛如刺，颜色黑白相间，穴居，昼伏夜出，也称箭猪。

〔译文〕

英山向西五十二里的地方，叫作竹山。这座山上有许多乔木，山的北面多产铁。山上有一种草，它的名字叫黄雚，形状像樗树，叶子像麻叶，开白色的花，结红色的果实，有点像赭石的颜色，用它洗澡可以治疗疥疮，还可以用它治疗身体浮肿。竹水从这里发源，向北流注入渭水，水的北岸有许多箭竹，那里盛产青绿色的玉石。丹水从这里发源，东南流注入洛水，水中有许多水晶和鲵鱼。山上有一种野兽，形状像猪，长着白色的毛，它的毛像簪子一样粗壮，尖端的位置是黑色的，它的名字叫作豪猪。

又西百二十里，曰浮山，多盼木①，枳叶而无伤②，木虫居之。有草焉，名曰薰草③，麻叶而方茎，赤华而黑实，臭如蘼芜④，佩之可以已疠。

〔注释〕

①盼木：古代传说中的一种树。

②枳叶而无伤：盼木叶像枳叶，却没有刺。郭璞注云："枳，刺针也，能伤人，故名云。"袁珂案："《广雅》云：'伤，箴也。'此言枳叶有刺，盼木叶似枳叶而无刺，故云无伤也。"

③薰草：香草名。《广雅》云："薰草，蕙草也。"

④蘼芜：草名。郭璞注云："蘼芜，香草。"

〔译文〕

竹山向西一百二十里的地方，叫作浮山，山上生长着许多盼木，盼木的叶子像枳叶，却没有刺，不会伤人，木虫在里面寄生。

有一种草，名叫熏草，长着麻草一样的叶子，方形的茎干，开红色的花，结黑色的果实，气味像蘼芜，佩戴它可以治疗疫病。

又西百五十里，曰时山，无草木。逐水出焉，北流注于渭，其中多水玉。

〔译文〕

羭次山向西一百五十里的地方，叫作时山，山上没有草木。逐水从这里发源，向北流注入渭水，水中有许多水晶。

又西百七十里，曰南山，上多丹粟。丹水出焉，北流注于渭。兽多猛豹①，鸟多尸鸠②。

〔注释〕

①猛豹：一种像熊的猛兽。郭璞注云："猛豹似熊而小，毛浅，有光泽，能食蛇，食铜、铁，出蜀中。豹，或作虎。"郝懿行《笺疏》云："猛豹即貘豹也，貘豹、猛豹声近而转。"

②尸鸠：即鸤鸠，鸟名。郭璞注云："尸鸠，布谷类也。鸠，或作丘。"

〔译文〕

时山向西一百七十里的地方，叫作南山，山上有许多细粒的丹砂。丹水从这里发源，向北流注入渭水。山上的野兽多是猛豹，鸟类多是尸鸠。

又西百八十里，曰大时之山，上多榖、柞，下多杻、橿，阴多银，阳多白玉。涔水①出焉，北流注于渭。清水出焉，南流注于汉水。

〔注释〕

①涔(qián)水：古代水名。

〔译文〕

南山向西一百八十里的地方，叫作大时山，山上生长着许多榖树和柞树，山下有许多杻树和橿树，山的北面多产银，南面多产白玉。涔水从这里发源，向北流注入渭水。清水也从这里发源，向南流注入汉水。

又西三百二十里，曰嶓冢之山①，汉水出焉，而东南流注于沔②；嚣水出焉，北流注于汤水。其上多桃枝、钩端③，兽多犀、兕、熊、罴④，鸟多白翰⑤、赤鷩。有草焉，其叶如蕙⑥，其本如桔梗，黑华而不实，名曰蓇蓉⑦，食之使人无子。

〔注释〕

①嶓(bō)冢之山：古代山名。

②沔(miǎn)：水名，今属陕西，是汉水的上流。

③桃枝、钩端：竹名。郭璞注云："钩端，桃枝属。"袁珂案："桃枝，竹名。《尔雅·释草》：'桃枝四寸有节。'《疏》：'凡竹相去四寸有节者，名桃枝竹。'"

④罴(pí)：熊的一种，亦称棕熊、人熊或马熊。

⑤白翰：鸟名，即白雉。郭璞注云："白翰，白鹎(zhuó)也，亦名鹎雉，又曰白雉。"

⑥蕙：一种香草。郭璞注云："蕙，香草，兰属也。"

⑦蓇（gǔ）蓉：草名。杨慎《补注》曰："今名花骨空，凌霄花之类。"

〔译文〕

大时山向西三百二十里的地方，叫作嶓冢山，汉水从这里发源，向东南方向流注入沔水；嚣水从这里发源，向北流注入汤水。山上生长着许多桃枝竹和钩端竹，野兽多为犀牛、兕、狗熊和人熊，鸟类多为白翰、赤鷩。有一种草，叶子像蕙兰，根茎像桔梗，开黑色的花，不结果实，名叫蓇蓉，吃了它人就不能生孩子。

又西三百五十里，曰天帝之山，上多棕、楠，下多菅[①]、蕙。有兽焉，其状如狗，名曰谿边[②]，席其皮者不蛊。有鸟焉，其状如鹑，黑文而赤翁[③]，名曰栎，食之已痔。有草焉，其状如葵，其臭如蘼芜，名曰杜衡，可以走马[④]，食之已瘿[⑤]。

〔注释〕

①菅（jiān）：即菅草，多年生草本植物，多生于山坡草地。很坚韧，可做炊帚、刷子等。郭璞注云："菅，茅类也。"

②谿（xī）边：古代传说中的兽名。郭璞注云："或作'谷遗'。"

③赤翁：红色的颈毛。郭璞注云："翁，颈毛也。"

④走马：骑马疾走。郭璞注云："带之令人便马。或曰：马得之而健走。"

⑤瘿（yǐng）：中医指多因郁怒忧思过度，气郁痰凝血瘀结于颈部，或生活在山区与水中缺碘有关的病。可分为"气瘿""肉瘿"及"石瘿"等。《说文》云："瘿，颈瘤也。"《淮南子·地形训》云："险阻气，多瘿。"

〔译文〕

嶓冢山向西三百五十里的地方，叫作天帝山，山上生长着许多棕树、楠树，山下生长着许多菅草和蕙兰。山上有一种野兽，它的形状像狗，名叫谿边，拿它的皮来做坐席可以不生蛊病。有一种鸟，它的形状像鹑鸟，长着黑色的花纹、红色的颈毛，名字叫作栎，吃了它可以治疗痔疮。有一种草，它的形状像葵草，气味像蘼芜，名叫杜衡，马吃了它就可以跑得飞快，人吃了它可以治疗大脖子病。

西南三百八十里，曰皋涂之山，蔷水出焉，西流注于诸资之水；涂水出焉，南流注于集获之水。其阳多丹粟，其阴多银、黄金，其上多桂木。有白石焉，其名曰礜①，可以毒鼠。有草焉，其状如槁茇②，其叶如葵而赤背，名曰无条，可以毒鼠。有兽焉，其状如鹿而白尾，马足人手而四角，名曰玃如③。有鸟焉，其状如鸱④而人足，名曰数斯⑤，食之已瘿。

〔注释〕

①礜（yù）：一种矿石，亦名毒砂，是制砷和亚砷酸的原料，煅成末，可用来毒老鼠。

②槁茇（gǎobá）：一种香草。郭璞注云："槁茇，香草。"毕沅《新校正》云："即槁本也。本、茇声之缓急。"

③玃（yīng）如：即玃如，传说中的兽名。

④鸱（chī）：古书上指鹞鹰。

⑤数斯：传说中的鸟名。

〔译文〕

天帝山向西南三百八十里的地方，叫作皋涂山，蔷水从这里发源，向西流注入诸资水；涂水也从这里发源，向南流注入集获水。山的南面盛产细粒的丹砂，山的北面多产银和黄金，山上生长着许多桂木。有一种白色的石头，它的名字叫礜，可以用来毒杀老鼠。有一种草，它的形状像槁茇，叶子像葵草，但叶背是红色的，名叫无条，可以用来毒杀老鼠。有一种野兽，形状像鹿，长着白色的尾巴，它的后肢长着马的蹄子，前肢则像人的手，头上有四只角，名叫玃如。有一种鸟，形状像鸱鹰，长着像人一样的脚，名叫数斯，吃了它的肉可以治疗大脖子病。

又西百八十里，曰黄山，无草木，多竹、箭。盼水出焉，西流注于赤水，其中多玉。有兽焉，其状如牛，而苍黑大目①，其名曰𤛎②。有鸟焉，其状如鸮③，青羽赤喙，人舌能言，名曰鹦䳇④。

〔注释〕

①苍黑：青灰色，灰黑色。

②𤛎(mǐn)：传说中的一种似牛的野兽。袁珂案："《周书·王会篇》云：'数楚每牛，每牛者，牛之小者也。'即此。"

③鸮(xiāo)：鹰类的一种。

④鹦䳇(wǔ)：即鹦鹉。

〔译文〕

皋涂山向西一百八十里的地方，叫作黄山，山上没有草木，生长着许多竹子。盼水从这里发源，向西流注入赤水，水中多产玉石。山上有一种野兽，它的形状像牛，颜色青黑，长着大大的眼睛，它的名字叫犛。有一种鸟，形状像鸮，长着青色的羽毛，红色的嘴巴，像人一样的舌头，能说话，名叫鹦䳇。

又西二百里，曰翠山，其上多棕、楠，其下多竹、箭，其阳多黄金、玉，其阴多旄牛①、麢、麝②。其鸟多鸓③，其状如鹊，赤黑而两首四足，可以御火。

〔注释〕

①旄牛：即牦牛。产于我国西南地区。

②麢(líng)、麝：羚羊和香獐子。麢，古同“羚”，羚羊。麝，形状像鹿而小，无角，雄的脐部有香腺，能分泌麝香。通称“香獐子”。郭璞注云：“麢似羊而大角细食，好在山崖间。麝似獐而小，有香。”

③鸓(lěi)：鸟名。袁珂案：“经文鸓，王念孙、毕沅、郝懿行并校作鸓。”

〔译文〕

黄山向西二百里的地方，叫作翠山，山上生长着许多棕树、楠树，山下生长着许多竹子，山的南面多产黄金和玉石，山的北面有许多牦牛、羚羊和香獐子。山上的鸟类多为鸓鸟，它的形状像喜鹊，通身红黑色，长着两个脑袋四只脚，可以用来预防火灾。

又西二百五十里，曰騩(guī)山，是錞于西海①，无草木，多玉。淒水出焉，西流注于海，其中多采石②、黄金，多丹粟。

〔注释〕

①锌于西海：靠近西海。锌，通“蹲”，坐落，靠近。

②采石：有彩色花纹的石头，宝石。郭璞注云：“采石，石有采色者，今雌黄、空青、绿碧之属。”

〔译文〕

翠山向西二百五十里的地方，叫作骢山，这座山靠近西海，山上没有草木，多产玉石。凄水从这里发源，向西流注入大海，水中多产彩色花纹的石头和黄金，还盛产细粒的丹砂。

凡《西经》之首，自钱来之山至于骢山，凡十九山，二千九百五十七里，华山冢①也，其祠之礼：太牢②。羭山神也，祠之用烛，斋百日以百牺③，瘗(yì)用百瑜④，汤其酒百樽⑤，婴⑥以百珪百璧。其余十七山之属，皆毛牷⑦用一羊祠之。烛者，百草之未灰，白席采等纯⑧之。

〔注释〕

①冢：说法不一。郭璞注云：“冢者，神鬼之所舍也。”俞樾《读山海经》云：“毕氏《校正》曰：‘《尔雅》曰，山顶曰冢。’《释诂》曰：‘冢，大也。’愚按，郭说固望文生训，而毕说亦未安。用山顶之说，是犹曰‘华山，顶也’；用‘冢大’之说，是犹曰‘华山，大也’，以文义论皆属不辞。今按下云‘羭山神也’，两句为对文，冢犹君也，神犹臣也，盖言华山为君而羭山为臣。”本书的译文采用俞樾的观点。

②太牢：古代祭祀，牛、羊、豕三牲具备谓之太牢。郭璞注云：“牛、羊、豕为太牢。”

③百牺：一百只毛色纯正的牲畜。牺，古代称做祭品用的纯色牲畜。

郭璞注云："牲纯色者为牺。"

④瘗(yì)：掩埋，埋葬。百瑜：一百块美玉。瑜，美玉。

⑤汤其酒百樽：烫一百杯酒。郝懿行《笺疏》云："今人呼温酒为'汤酒'，本此。"

⑥婴：环绕陈祭。郭璞注云："婴谓陈之以环祭也。"

⑦毛牷(quán)：一整只毛物。郭璞注云："牷谓牲体全具也。"

⑧等：等次，古代祭祀时用不同的祭物、仪式来区分受祭者的贵贱尊卑。纯：沿，顺着。郭璞注云："纯，缘也。五色纯之，等差其文彩也。"

〔译文〕

西方的第一列山系，从钱来山到騩山，一共十九座山，二千九百五十七里。华山是众山之长，祭祀它的礼仪：用牛、羊、猪齐备的三牲。羭次山，是神灵显应的山，祭祀它要用烛，先斋戒一百天，然后用一百只毛色纯正的牲畜，同一百块美玉一起埋进地里，温上一百杯酒，用一百块玉珪和一百块玉璧环绕陈祭。其他十七座山的山神，都用一整只羊祭祀。所谓烛，就是用百草结成，点燃后没有烧尽的火把。祭祀山神所用的坐席用白茅制成，按照山神的等级，用五种颜色沿着席子边缘配上相应的花边。

《西次二经》之首，曰钤(qián)山，其上多铜，其下多玉，其木多杻、橿。

〔译文〕

西方的第二列山系的第一座山，叫作钤山，山上多产铜，山下多产玉，山上的树木多是杻树和橿树。

西二百里，曰泰冒之山，其阳多金，其阴多铁。洛水出焉，东流注于河，其中多藻玉①，多白蛇。

〔注释〕

①藻玉：带彩纹的玉。郭璞注云："藻玉，玉有符彩者。"

〔译文〕

铃山向西二百里的地方，叫作泰冒山，山的南面多产金，北面多产铁。洛水从这里发源，向东流注入黄河，水中多产带彩纹的玉，还有很多白蛇。

又西一百七十里，曰数历之山，其上多黄金，其下多银，其木多杻、橿，其鸟多鹦鹖。楚水出焉，而南流注于渭，其中多白珠①。

〔注释〕

①白珠：白色的珍珠。

〔译文〕

泰冒山向西一百七十里的地方，叫数历山，这座山上多产黄金，山下多产银，山上的树木多是杻树和橿树，鸟类多是鹦鹉。楚水从这里发源，向南流注入渭水，水中有许多白色的珍珠。

又西百五十里高山，其上多银，其下多青碧①、雄黄，其木多棕，其草多竹。泾水出焉，而东流注于渭，其中多磬石、青碧。

〔注释〕

①青碧:一种青色的玉石。郭璞注云:"碧亦玉类也。"

〔译文〕

数历山向西一百五十里的地方,叫作高山,山上多产银,山下多产青色玉和雄黄,山上的树木多为棕树,草类多为竹子。泾水从这里发源,向东流注入渭水,水中多产磬石和青色玉石。

西南三百里,曰女床之山,其阳多赤铜,其阴多石涅①,其兽多虎、豹、犀、兕。有鸟焉,其状如翟而五采文②,名曰鸾鸟,见则天下安宁。

〔注释〕

①石涅:黑石脂的别名。明杨慎《丹铅续录·石涅》:"石涅黑丹,即今之石黑也……上古书用漆书,中古用石黑,后世用烟墨。"吴任臣《广注》云:"《本草》:'黑石脂一名石墨,一名石涅,南人谓之画眉石。'"

②翟(dí):长尾山雉(野鸡)。

〔译文〕

高山西南三百里的地方,叫作女床山,这座山的南面多产红铜,北面多产黑石脂,山上的兽类多为老虎、豹子和雌雄犀牛。有一种鸟,它的形状像翟,身上有五彩的花纹,名叫鸾鸟,看见它天下就会安宁。

又西二百里,曰龙首之山,其阳多黄金,其阴多铁。

苕水出焉，东南流注于泾水，其中多美玉。

〔译文〕

女床山向西二百里的地方，叫作龙首山，这座山的南面多产黄金，北面多产铁。苕水从这里发源，向东南方向流注入泾水，水中多产精美的玉石。

又西二百里，曰鹿台之山，其上多白玉，其下多银，其兽多㸲牛、羬羊、白豪①。有鸟焉，其状如雄鸡而人面，名曰凫徯②，其鸣自叫也，见则有兵。

〔注释〕

①白豪：白色的豪猪。郭璞注云："豪，貆(huán)猪也。"袁珂案："豪，即豪彘，已见上文竹山；以其毛白，故称白豪。"

②凫徯(fúxī)：传说中的鸟名。

〔译文〕

龙首山向西二百里的地方，叫作鹿台山，山上多产白玉，山下多产银。山上的野兽多为㸲牛、羬羊和白色的豪猪。有一种鸟，它的形状像雄鸡，长着人的脸，名叫凫徯，它的叫声和它的名字发音相同，看见它就会有战争发生。

西南二百里，曰鸟危之山，其阳多磬石，其阴多檀、楮①，其中多女床②。鸟危之水出焉，西流注于赤水，其中多丹粟。

〔注释〕

①楮(chǔ):落叶乔木,树皮是制造桑皮纸和宣纸的原料。

②女床:一种草类植物。袁珂案:“大约是草类植物之名,据郝懿行《山海经笺疏》,即女肠草也。”

〔译文〕

鹿台山西南二百里的地方,叫作鸟危山,山的南面多产磬石,山的北面生长着许多檀树和楮树,山中有许多女肠草。鸟危水从这里发源,向西流注入赤水,水中有许多细粒的丹砂。

又西四百里,曰小次之山,其上多白玉,其下多赤铜。有兽焉,其状如猿,而白首赤足,名曰朱厌①,见则大兵。

〔注释〕

①朱厌:传说中的兽名。

〔译文〕

鸟危山向西四百里的地方,叫作小次山,山上多产白玉,山下多产红铜。有一种野兽,它的形状像猿猴,长着白色的脑袋红色的脚,名叫朱厌,看见它就会有大的战争发生。

又西三百里,曰大次之山,其阳多垩①,其阴多碧,其兽多㸲牛、麢羊。

〔注释〕

①垩(è):白土,泛指可用来涂饰的土。郭璞注云:"垩似土色,甚白,音'恶'。"

〔译文〕

小次山向西三百里的地方,叫作大次山,山的南面多产白土,北面多产碧玉,山上的兽类多为㸲牛、羚羊。

又西四百里,曰薰吴之山,无草木,多金、玉。

〔译文〕

大次山向西四百里的地方,叫作薰吴山,山上没有草木,多产金属矿物和玉石。

又西四百里,曰厎阳之山①,其木多樱、楠、豫章②,其兽多犀、兕、虎、犳③、㸲牛。

〔注释〕

①厎(zhǐ)阳:古代山名。袁珂案:"经文'厎',王念孙、毕沅、郝懿行并校作'底'。"

②豫章:亦作"豫樟",木名。郭璞注云:"豫章,大木,似楸,叶冬夏青,生七年而后可知也。"

③犳(zhuó):古书上说的一种兽,像豹。《玉篇》云:"犳,兽,豹文。"

〔译文〕

薰吴山向西四百里的地方,叫作厎阳山,山上的树木多为樱树、楠树和豫樟树，野兽多为雌雄犀牛、老虎、犳和牸牛。

又西二百五十里，曰众兽之山，其上多㻬琈之玉，其下多檀、楮，多黄金，其兽多犀、兕。

〔译文〕

底阳山向西二百五十里的地方，叫作众兽山，山上多产㻬琈玉，山下生长着许多檀树和楮树，多产黄金，兽类多为雌雄犀牛。

又西五百里，曰皇人之山，其上多金、玉，其下多青、雄黄。皇水出焉，西流注于赤水，其中多丹粟。

〔译文〕

众兽山向西五百里的地方，叫作皇人山，山上多产金属矿物和玉石，山下多产石青和雄黄。皇水从这里发源，向西流注入赤水，水中有许多细粒的丹砂。

又西三百里，曰中皇之山，其上多黄金，其下多蕙、棠。

〔译文〕

皇人山向西三百里的地方，叫作中皇山，山上多产黄金，山下生长着许多蕙兰和棠梨。

又西三百五十里，曰西皇之山，其阳多金，其阴多铁，其兽多麋[1]、鹿、㸲牛。

〔注释〕

①麋：一种珍贵的稀有兽类，比牛大，毛淡褐色，雄的有角，角像鹿，尾像驴，蹄像牛，颈像骆驼，俗称“四不像”。郭璞注云：“麋大如小牛，鹿属也。”

〔译文〕

中皇山向西三百五十里的地方，叫作西皇山，山的南面多产金属矿物，北面多产铁，野兽多为麋、鹿和㸲牛。

又西三百五十里，曰莱山，其木多檀、楮，其鸟多罗罗[1]，是食人。

〔注释〕

①罗罗：鸟名。郭璞注云：“罗罗之鸟，所未详也。”郝懿行《笺疏》云：“《海外北经》有青兽，状如虎，名曰罗罗，此鸟与之同名。”

〔译文〕

西皇山向西三百五十里的地方，叫作莱山，山上生长着许多檀树和楮树，山上的鸟类多为罗罗，这种鸟能吃人。

凡《西次二经》之首，自钤山至于莱山，凡十七山，四千一百四十里。其十神者，皆人面而马身。其七神皆人面牛身，四足而一臂，操杖以行[1]：是为飞兽之神；其祠之，毛用少牢[2]，白菅为席。其十辈神者，其祠之，毛一雄鸡，钤而不糈③，毛采④。

〔注释〕

①操杖以行：拄着拐杖行走。

②少牢：旧时祭礼的牺牲，牛、羊、豕俱用叫太牢，只用羊、豕二牲叫少牢。郭璞注云："羊、猪为少牢也。"

③钤(qián)而不糈：即祭祀山神时不用精米。

④毛采：毛物用一只杂色雄鸡。郭璞注云："言用杂色鸡也。"

〔译文〕

西方的第二列山系，从钤山到莱山，一共十七座山，四千一百四十里。其中十座山的山神长着人的脸、马的身体。另外七座山的山神长着人的脸、牛的身体，有四条腿，一只胳膊，拄着拐杖行走，被称为"飞兽之神"。祭祀这些山神：毛物用少牢，用白茅为席陈列祭品。其他十座山山神的祭祀：毛物用一只雄鸡，无须用精米，雄鸡的毛要杂色的。

《西次三经》之首，曰崇吾之山，在河之南，北望冢遂①，南望䍃(yáo)之泽，西望帝之搏兽之丘，东望𡷝(yán)渊。有木焉，员叶②而白柎③，赤华而黑理，其实如枳④，食之宜子孙。有兽焉，其状如禺而文臂，豹虎⑤而善投，名曰举父⑥。有鸟焉，其状如凫⑦，而一翼一目，相得乃飞，名曰蛮蛮⑧，见则天下大水。

〔注释〕

①冢遂：传说中的山名。郭璞注云："山名。"

②员叶：即“圆叶”，圆形的叶子。

③柎（fū）：花萼，亦指草木子房。袁珂案：“柎，花萼房也。”

④枳（zhǐ）：落叶灌木或小乔木，小枝多刺，果实黄绿色，味酸不可食，可入药，亦称“枸橘”。《说文》云：“枳，木似橘。”《周礼·考工记》云：“橘逾淮而北，为枳。”

⑤豹虎：说法不一。吴任臣《广注》云：“字有误。”郝懿行曰：“兹兽兼有虎豹之体，故独被斯名。”袁珂案：“经文‘虎’，疑是‘尾’字之误。”

⑥举父：兽名。郭璞注云：“或作夸父。”

⑦凫（fú）：水鸟，俗称“野鸭”，雄的头部绿色，背部黑褐色；雌的全身黑褐色，常群游湖泊中，能飞。

⑧蛮蛮：比翼鸟。郭璞注云：“比翼鸟也，色青赤，不比不能飞，《尔雅》作鹣鹣（jiān）鸟也。”

〔译文〕

西方的第三列山系的第一座山，叫作崇吾山，坐落在黄河的南岸，北面是冢遂山，向南可以望见岳泽，西面是天帝的搏兽丘，东面是蠕渊。山上有一种树，长着圆形的叶子、白色的花萼，开红色的花，花瓣上的纹理是黑色的，它的果实像枳，吃了它可以多子多孙。有一种野兽，它的形状像母猴，手臂上有斑纹，长着豹子的尾巴，善于投掷，名叫举父。有一种鸟，它的样子像野鸭，长着一只翅膀和一只眼睛，两只鸟互相配合着才能飞起来，名叫蛮蛮，看见它就预示着天下将会发生水灾。

西北三百里，曰长沙之山①。泚水出焉②，北流注于泑水③，无草木，多青、雄黄。

〔注释〕

①长沙之山：郝懿行《笺疏》云：“《穆天子传》云：‘送天子至于长沙之

山。'即此。"吕调阳《五藏山经传》卷三云："长沙，恒山以东山也，其阴多沙。"

②泚(zǐ)水：古水名。

③泑(yōu)水：水名。郭璞注云："音黝，水色黑也。"

〔译文〕

崇吾山西北方向三百里的地方，叫作长沙山。泚水从这里发源，向北流注入泑水，山上没有草木，多产石青和雄黄。

又西北三百七十里，曰不周之山①。北望诸𪩘之山，临彼岳崇之山，东望泑泽，河水所潜也，其原浑浑泡泡②。爰③有嘉果④，其实如桃，其叶如枣，黄华而赤柎，食之不劳⑤。

〔注释〕

①不周之山：古代传说中的山名，据说在昆仑山西北。郭璞注云："此山形有缺不周帀处，因名云。西北不周风自此山出。"

②浑浑(gǔn)泡泡(páo)：大水涌流的样子。郭璞注云："浑浑泡泡，水喷涌之声也。'衮''咆'二音。"

③爰(yuán)：于是。

④嘉果：美果。

⑤不劳：不会忧愁。郝懿行《笺疏》云："劳，忧也。"

〔译文〕

长沙山西北三百七十里的地方，叫作不周山，向北可以望见诸𪩘山，并与岳崇山相邻；向东可以望见泑泽，那里是河水在山下流淌的地方，大水在那里汹涌奔流。在这里生长着一种美好的果树，果实像桃子，叶子像枣叶，开黄色的花，有红色的花萼，吃了它人就不会忧愁。

又西北四百二十里，曰峚山①，其上多丹木②，员叶而赤茎，黄华而赤实，其味如饴，食之不饥。丹水出焉，西流注于稷泽③，其中多白玉。是有玉膏④，其原沸沸汤汤⑤，黄帝是食是飨⑥。是生玄玉⑦。玉膏所出，以灌丹木。丹木五岁，五色乃清，五味乃馨。黄帝乃取峚山之玉荣⑧，而投之钟山之阳。瑾瑜之玉为良，坚粟精密，浊泽⑨有而光。五色发作，以和柔刚。天地鬼神，是食是飨；君子服⑩之，以御不祥。自峚山至于钟山，四百六十里，其间尽泽也。是多奇鸟、怪兽、奇鱼，皆异物焉。

〔注释〕

①峚（mì）山：即密山。郝懿行《笺疏》云："郭注《穆天子传》及李善注《南都赋》《天台山赋》引此俱作密山，盖峚、密古字通也。"

②丹木：木名。晋陶潜《读〈山海经〉诗》之四："丹木生何许，乃在峚山阳。"

③稷泽：河泽名。传说古代后稷曾用此水使民耕种，故称。郭璞注云："后稷神所凭，因名云。"

④玉膏：玉的脂膏，古代传说中的仙药。

⑤沸沸汤汤（shāng）：水腾涌的样子。郭璞注云："玉膏涌出之貌也。"

⑥飨：同"享"，享用。

⑦玄玉：黑色的玉。郭璞注云："言玉膏中又出黑玉也。"

⑧玉荣：玉花。郭璞注云："谓玉华也。"

⑨浊泽：厚重而润泽。郭璞注云："浊谓润厚。"

⑩服：佩戴。

〔译文〕

不周山西北四百二十里的地方，叫作峚山，这座山上生长着许多丹木，圆形的叶子，红色的茎干，开黄色的花，结红色的果实，果实的味道像糖一样甜美，吃了它人就不会饥饿。丹水从这里发源，向西流注入稷泽，水中多产白玉。这里有玉的脂膏流出，原野上一片汹涌翻腾的景象。黄帝拿这些玉膏服食享用。玉膏中又生出黑色的玉。涌出的玉膏灌溉着丹木，丹木经过五年的生长，开出五种颜色的花，清香美艳，结出五种味道的果子，气味馨香。黄帝于是采集峚山之上玉的精华，投在钟山的南面，生出了瑾和瑜这样的良玉。这种玉坚硬细密，温润而有光泽，五彩焕发，刚柔并济。天地鬼神都拿它来服食享用；君子佩戴它，可以抵御各种不祥之事。从峚山到钟山，共四百六十里，中间都是水泽。水泽里有许多奇鸟、怪兽和奇鱼，都是些奇异的物种。

又西北四百二十里，曰钟山。其子曰鼓①，其状如人面而龙身，是与钦䲹②杀葆江③于昆仑之阳，帝乃戮之钟山之东曰䍃崖④。钦䲹化为大鹗⑤，其状如雕而黑文白首，赤喙而虎爪，其音如晨鹄⑥，见则有大兵；鼓亦化为鵕(jùn)鸟，其状如鸱，赤足而直喙，黄文而白首，其音如鹄⑦，见则其邑大旱。

〔注释〕

①鼓：神名。郭璞注云："此亦神名，名之为钟山之子耳。"

②钦䲹(pí):古代传说中的鸟名。

③葆江:神话传说中的仙人。郭璞注云:"葆或作祖。"

④䍃(yáo)崖:山崖名。

⑤鹗(è):鸟,性凶猛,背暗褐色,腹白色,常在水面上飞翔,捕食鱼类。通称"鱼鹰"。

⑥晨鹄:鸟名。郭璞注云:"晨鹄,鹗属,犹云晨凫。"

⑦鹄:水鸟,形状像鹅,体较鹅大,鸣声洪亮,善飞,吃植物、昆虫等,亦称"天鹅"。《说文》云:"鹄,鸿鹄也。"

〔译文〕

峚山西北四百二十里的地方,叫作钟山。他的儿子叫作鼓,鼓长着人的脸、龙的身体,曾和钦䲹一起在昆仑山的南面杀死了葆江,天帝于是将鼓诛杀于钟山以东的䍃崖。钦䲹变成了大鹗,它的形状像雕,长着黑色的花纹、白色的脑袋、红色的鸟喙和老虎一样的爪子,它的叫声像晨鹄,看见它天下就会发生战乱;鼓也变成了䴅鸟,它的形状像鸱鹰,有红色的爪子和直的鸟喙,身上有黄色的花纹,长着白色的脑袋,它的叫声像天鹅,看见它当地就会遭遇旱灾。

又西百八十里,曰泰器之山。观水出焉,西流注于流沙①。是多文鳐鱼②,状如鲤鱼,鱼身而鸟翼,苍文而白首赤喙,常行西海,游于东海,以夜飞。其音如鸾鸡③,其味酸甘,食之已狂,见则天下大穰④。

〔注释〕

①流沙:水名。

②文鳐(yáo)鱼:传说中的鱼名。《吕氏春秋·本味篇》云:"味之美

者，藋水之鱼，名曰鳐。”

③鸾鸡：即鸾鸟。

④穰(ráng)：庄稼丰收。

〔译文〕

钟山向西一百八十里的地方，叫作泰器山。观水从这里发源，向西流注入流沙河。水中有许多文鳐鱼，它的形状像鲤鱼，有鱼的身体、鸟的翅膀，灰白色的花纹，白色的脑袋，红色的鸟喙。这种鱼常常从西海游到东海，在晚上飞行。它的叫声像鸾鸟，它的肉酸中带甜，吃了可以治疗癫狂症，看见它天下将会五谷丰登。

又西三百二十里，曰槐江之山。丘时之水出焉，而北流注于泑水。其中多蠃母①，其上多青、雄黄，多藏②琅玕③、黄金、玉，其阳多丹粟。其阴多采④黄金、银。实惟帝之平圃⑤，神英招司之，其状马身而人面，虎文而鸟翼，徇⑥于四海，其音如榴⑦。南望昆仑，其光熊熊，其气魂魂⑧。西望大泽，后稷所潜也⑨。其中多玉，其阴多榣木之有若⑩。北望诸毗，槐鬼离仑⑪居之，鹰、鹯⑫之所宅也。东望恒山四成⑬，有穷鬼居之，各在一搏⑭。爰有淫水⑮，其清洛洛⑯。有天神焉，其状如牛，而八足二首马尾，其音如勃皇⑰，见则其邑有兵。

〔注释〕

①蠃(luó)母：即蝶螺。郭璞注云：“即蝶螺也。”

②藏(zāng)：善，好。郝懿行《笺疏》云：“古字作‘臧’。臧，善也。此

言琅玕、黄金、玉之最善者。”

③琅玕(gān):似珠玉的美石。

④采:符采。郝懿行《笺疏》云:“采谓金银之有符采者。”

⑤平圃:即玄圃。《穆天子传》《淮南子·地形训》作“县圃”。传说为天神所居。

⑥徇:同“巡”,巡行。郭璞注云:“徇,谓周行也。”

⑦榴:通“搯”,抽水。郝懿行《笺疏》云:“疑此经‘榴’当为‘搯’。《说文》云:‘搯,引也。’《庄子》云:‘挈水若抽。’抽即搯字。”

⑧“其光熊熊”两句:它的光焰旺盛,气魄盛大。熊熊、魂魂,郭璞注云:“皆光气炎盛、相焜耀之貌。”

⑨后稷所潜:即传说中后稷死后化生或埋葬的地方。郭璞注云:“后稷生而灵知,及其终,化行遁此泽而为之神,亦犹传说骑箕尾也。”毕沅《新校正》云:“即稷泽,稷所葬也。”

⑩槐木之有若:郭璞注云:“槐木,大木也,言其上复生若木。大木之奇灵者为若,见《尸子》。”槐木,神话传说中长在昆仑山旁的巨树。

⑪离仑:山神名。

⑫鹯(zhān):鹞类猛禽,亦称“晨风”。郭璞注云:“鹯亦鸱属也。”

⑬恒山四成:恒山有四重山高。成,即重。郭璞注云:“成,亦重也。”

⑭各在一搏:各自在山的一端。搏,又作“胁”。郭璞注云:“搏犹胁也,言群鬼各以类聚,处山四胁。有穷,其总号耳。搏,一作抟。”

⑮淫水:传说中的水名,即瑶池。淫,即“瑶”。郭璞注云:“水流下之貌也。淫,音遥也。”

⑯洛洛:即落落,水或其他液体流下的样子。郭璞注云:“洛洛,水留下之貌也。”

⑰勃皇:即发皇,甲虫的一种。郝懿行《笺疏》云:“勃皇即发皇也。”

〔译文〕

泰器山向西三百二十里的地方,叫作槐江山。丘时水从这里发源，向北流注入泑水。水中有许多蠑螺，山上多产石青和雄黄以及上好的琅玕、黄金和玉石，山的南面多产细粒的丹砂，北面多产带有符采的黄金和银。这里是天帝居住的玄圃，神英招主管这里，他长着马的身体、人的脸、老虎的花纹、鸟的翅膀，他在四海巡游，传达天帝的命令。他的叫声像抽水的声音。向南可以望见昆仑山，昆仑山上光焰旺盛，气魄盛大。向西可以望见一片大泽，那是后稷的神灵潜藏的地方。大泽中多产玉石，它的北面生长着许多榣木，榣木上又长出了灵奇的若木。向北可以望见诸毗山，槐鬼离仑居住在这里，这里也是鹰、鹞等猛禽的住处。向东可以望见恒山，山有四重之高，有穷鬼居住在那里，各自在山的一端。山上有一条瑶水，清澈潺湲，缓缓而流。有一个天神，形状像牛，长着八只脚，两个脑袋，马的尾巴，它的叫声像甲虫扇动翅膀发出的声音，看见它当地就会发生战争。

西南四百里，曰昆仑之丘，是实惟帝之下都[①]，神陆吾[②]司之。其神状虎身而九尾，人面而虎爪；是神也，司天之九部及帝之囿时[③]。有兽焉，其状如羊而四角，名曰土蝼[④]，是食人。有鸟焉，其状如蜂，大如鸳鸯，名曰钦原，蠚[⑤]鸟兽则死，蠚木则枯。有鸟焉，其名曰鹑鸟[⑥]，是司帝之百服[⑦]。有木焉，其状如棠，黄华赤实，其味如李而无核，名曰沙棠[⑧]，可以御水[⑨]，食之使人不溺。有草焉，名曰蓍草[⑩]，其状如葵，其味如葱，食之已劳。河水出焉，而南流注于无达[⑪]。赤水出焉，而东南流注于氾天之水。洋水出焉，而西南流注于丑涂之水。黑水出焉，而西流于大杅[⑫]。是多怪鸟兽。

〔注释〕

①下都:神话传说中天帝在人间所住的都邑。郭璞注云:“天帝都邑之在下者。”

②陆吾:即肩吾,传说中的昆仑山神名。郭璞注云:“即肩吾也。庄周曰:‘肩吾得之,以处大山’也。”

③囿时:苑囿的时节。

④土蝼:传说中的兽名。

⑤蠚(hē):蜇,蜂、蝎子等用毒刺刺人或动物。

⑥鹑鸟:传说中的赤凤。郝懿行《笺疏》云:“鹑鸟,凤也。《海内西经》云:‘昆仑开明西北皆有凤皇。’此是也。”

⑦百服:各种器物和衣服。郭璞注云:“服,器服也。一曰,服,事也。或作藏。”

⑧沙棠:木名,木材可造船,果实可食。

⑨御水:谓避水害。

⑩蘋(pín)草:水生植物名,一名赖草。

⑪无达:古代山名。郭璞注云:“山名。”

⑫大杅(yú):古代山名。郭璞注云:“山名。”

〔译文〕

槐江山西南四百里的地方,叫作昆仑山,这里是天帝在人间所住的都邑,天神陆吾主管这里。陆吾长着老虎的身子,有九条尾巴,人的脸和老虎的爪子;这个天神主管天上九域的部落和天帝苑囿的时节。山上有一种野兽,它的形状像羊,头上长着四只角,名叫土蝼,会吃人。有一种鸟,它的形状像蜂,如鸳鸯一般大小,名叫钦原。这种鸟一旦蜇了鸟兽,鸟兽就会死亡;蜇了树木,树木就会枯萎。还有一种鸟,它的名字叫鹑鸟,主管天帝的各种器物和衣服。有一种树,它的形状像棠梨,开黄色的花,结红色的果实，果实的味道像李子，没有核，名叫沙棠，可以避水害，吃了它人就不会溺水。有一种草，名叫蓂草，它的形状像葵菜，味道像葱，吃了它可以消除忧愁。河水从这里发源，向南流注入无达山下的湖泽。赤水在这里发源，向东南方向流注入氾天水。洋水在这里发源，向西南方向流注入丑涂水。黑水在这里发源，向西流注入大杅山下的湖泽。昆仑山上有许多怪鸟和怪兽。

又西三百七十里，曰乐游之山。桃水出焉，西流注于稷泽，是多白玉，其中多䱻鱼[①]，其状如蛇而四足，是食鱼。

〔注释〕

①䱻(huá)鱼：传说中的一种鱼。

〔译文〕

昆仑山向西三百七十里的地方，叫作乐游山。桃水从这里发源，向西流注入稷泽，水中多产白玉，还有许多䱻鱼，它的形状像蛇，长着四条腿，能吃鱼。

西水行四百里，曰流沙，二百里至于嬴母之山[①]，神长乘[②]司之，是天之九德也。其神状如人而犳尾。其上多玉，其下多青石[③]而无水。

〔注释〕

①“西水行四百里”三句：袁珂案：“此处经文，疑当作‘西水行四百里，流沙二百里，至于嬴母之山，曰字衍’”。

②长乘：天神名。

③青石：石灰岩的俗称。

〔译文〕

向西沿水路行走四百里，穿过二百里流沙，便到达蠃母山，天神长乘主管这里，他是天上的九德之气所生。这个天神的样貌像人，长着犳的尾巴。这座山上多产玉石，山下有许多石灰岩，没有水。

又西三百五十里，曰玉山①，是西王母所居也。西王母其状如人，豹尾虎齿而善啸，蓬发戴胜②，是司天之厉及五残③。有兽焉，其状如犬而豹文，其角如牛，其名曰狡，其音如吠犬，见则其国大穰。有鸟焉，其状如翟而赤，名曰胜遇④，是食鱼，其音如录⑤，见则其国大水。

〔注释〕

①玉山：古代传说中的仙山。郭璞注云："此山多玉石，因以名云。《穆天子传》谓之群玉之山。"

②蓬发戴胜：头发蓬乱，头上戴着玉胜。郭璞注云："蓬头乱发。胜，玉胜也。"

③司天之厉及五残：主管着天上的灾厉和五刑残杀之气。郭璞注云："主知灾厉、五刑残杀之气也。"

④胜遇：古代神话传说中的鸟名。

⑤录：吴任臣《广注》云："疑为鹿之借字。"

〔译文〕

蠃母山向西三百五十里的地方，叫作玉山，是西王母居住的地方。西王母的形状像人，长着豹子的尾巴、老虎的牙齿，善于长啸，头发蓬乱，头上戴着玉胜，主管着天上的灾厉和五刑残杀之气。山上有一种野兽，它的形状像狗，身上有豹子的花纹，头上的角像牛角，它的名字叫作狡，它的叫声像犬吠，一出现就会给本国带来丰收。有一种鸟，它的形状像野鸡，全身羽毛是红色的，名叫胜遇，会吃鱼，它的叫声像鹿鸣，看见它该国就会发生水灾。

又西四百八十里，曰轩辕之丘[①]，无草木。洵水出焉，南流注于黑水，其中多丹粟，多青、雄黄。

〔注释〕

①轩辕之丘：古代传说中的土山名。郭璞注云："黄帝居此丘，娶西陵氏女，因号轩辕丘。"

〔译文〕

玉山向西四百八十里的地方，叫作轩辕丘，山上没有草木。洵水从这里发源，向南流注入黑水，水中有大量细粒的丹砂，有许多石青和雄黄。

又西三百里，曰积石之山，其下有石门，河水冒[①]以西流。是山也，万物无不有焉。

〔注释〕

①冒：覆盖，漫过。郭璞注云："冒，犹覆也。"

〔译文〕

轩辕丘向西三百里的地方，叫作积石山，山下有一座石门，黄河水漫过它向西流去。这座山上万物一应俱全。

又西二百里，曰长留之山，其神白帝少昊①居之。其兽皆文尾，其鸟皆文首。是多文玉石②。实惟员神磈氏③之宫。是神也，主司反景④。

〔注释〕

①少昊：亦作“少皞”，传说中的上古帝王，名挚（一作质），号金天氏。相传少皞曾以鸟名为官名，死后为西方之神。

②文玉石：带有彩色花纹的玉石。

③员神磈（wěi）氏：即少昊。郝懿行《笺疏》云：“盖即少昊也。”

④反景：夕阳反照。郭璞注云：“日西入，则景反东照，主司察之。”

〔译文〕

积石山向西二百里的地方，叫作长留山，西方之神少昊居住在这里。这座山上的野兽都长着带有花纹的尾巴，这座山上的鸟也都长着带有花纹的脑袋。山上多产带有彩色花纹的玉石。这里是少昊的宫室。山神少昊主管察看太阳落下时光线射向东方的反影。

卷三　北山经

〔题解〕

《北山经》有三大山系，共计八十七座山，总长二万三千二百三十里。这些山系具有明显的北方山脉的特点，由于气候的原因，冬夏有雪，河流也有断流的情况。山上常常不生草木，且树木也多是北方常见的杨、柳、松、柏、桃、李等。

《北山经》中也出现了许多有名的山脉，如太行山、王屋山、燕山、碣石山，其中发鸠山中的精卫鸟，是中国古代神话传说——精卫填海的故事原型。山上的动物有见到人就会跳跃的竦斯，有见人就笑、行动如风的山狎，有见人就飞的天马等，且多是野马、骆驼、野猪、山驴一类，具有典型的北方动物的特点。

《北山经》之首，曰单狐之山，多机木①，其上多华草②。逢(féng)水出焉，而西流注于泑水，其中多芘石③、文石④。

〔注释〕

①机木：桤木。郭璞注云："机木似榆，可烧以粪稻田，出蜀中。音'饥'。"杨慎《补注》云："即今之桤也。"

②华草：一种草类植物。郭璞注云："华草未详，诸家亦无注。"

③芘(pí)石：紫色石。传说古代曾用为货币。芘，当为茈，即紫色的石头。郝懿行《笺疏》云："疑芘当为茈。茈，古字假借为紫也。"

④文石：有纹理的石头。

〔译文〕

《北山经》第一列山系的第一座山，叫作单狐山，这座山生长着许多机树，山上有许多华草。逢水从这里发源，向西流注入泑水，水中多产紫色的石头和有纹理的石头。

又北二百五十里，曰求如之山，其上多铜，其下多玉，无草木。滑水出焉，而西流注于诸毗之水。其中多滑鱼①，其状如鳝②，赤背，其音如梧③，食之已疣④。其中多水马⑤，其状如马，文臂⑥，牛尾，其音如呼⑦。

〔注释〕

①滑鱼：即鳝鱼，俗称黄鳝。

②鳝(shàn)：同"鳝"，鳝鱼。郭璞注云："鳝鱼似蛇。音善。"

③梧：即琴，弹琴之声。郝懿行《笺疏》云："义当如据梧之梧。《庄子·齐物论篇》释文引司马彪云：'梧，琴也。'崔譔云：'琴，瑟也。'"

④疣：一种皮肤病，病原体是一种病毒，症状是皮肤上出现黄褐色的小疙瘩，不痛不痒，俗称"瘊子"。

⑤水马：古代传说中一种生在水中的怪兽。

⑥臂：动物的前腿。郭璞注云："臂，前脚也。"

⑦呼：郭璞注云："如人叫呼。"

〔译文〕

单狐山向北二百五十里的地方，叫作求如山，山上多产铜，山下多产玉石，没有草木。滑水从这里发源，向西流注入诸毗水。水中有许多滑鱼，它的形状像黄鳝，背是红色的，它的叫声像琴声，吃了它的肉可以治疗疣病。滑水中还有许多水马，它的形状像马，前腿有花纹，长着牛的尾巴，它的叫声像人在喊叫。

又北三百里，曰带山，其上多玉，其下多青碧。有兽焉，其状如马。一角有错[①]，其名曰䑏疏[②]，可以辟火。有鸟焉，其状如乌，五采而赤文，名曰鵸鵌，是自为牝牡，食之不疽[③]。彭水出焉，而西流注于芘湖之水，其中多儵鱼[④]，其状如鸡而赤毛，三尾、六足、四首，其音如鹊，食之可以已忧。

〔注释〕

①错：打磨玉石。汪绂曰："言角有甲如错。"

②䑏（huān）疏：古代的一种野兽名。

③疽（jū）：痈疽，中医指一种长在皮肤上肿胀坚硬的毒疮。

④儵（tiáo）鱼：古代传说中的一种怪鱼。

〔译文〕

求如山向北三百里的地方，叫作带山，这座山上多产玉石，山下多产青色玉石。山上有一种野兽，它的形状像马。头上有一只可以用来打磨玉石的角，它的名字叫䑏疏，可以用它来预防火灾。有一种鸟，它的形状像乌鸦，长着五彩的羽毛，羽毛上有红色的花纹，名叫鵸鵌。这种鸟雌雄一体，吃了它的肉可以治疗痈疽病。彭水从这里发源，向西流注入芘湖水，水中有许多儵鱼。它的形状像鸡，长着红色的羽毛，有三条尾巴、六只脚、四个脑袋。它的声音像喜鹊的鸣叫声，吃了它人就不会有忧愁。

又北四百里，曰谯(qiáo)明之山。谯水出焉，西流注于河。其中多何罗之鱼[①]，一首而十身，其音如吠犬，食之已痈[②]。有兽焉，其状如貆[③]而赤豪，其音如榴榴，名曰孟槐[④]，可以御凶。是山也，无草木，多青、雄黄。

〔注释〕

①何罗之鱼：古代传说中的鱼名。

②痈：一种皮肤和皮下组织的化脓性炎症，易生于颈、背部，常伴有畏寒、发热等症状。

③貆(huán)：豪猪。郭璞注云："貆，豪猪也。"

④孟槐：传说中的兽名。

〔译文〕

带山向北四百里的地方，叫作谯明山。谯水从这里发源，向西流注入黄河。水中有许多何罗鱼，长着一个头十个身子，它的叫声像狗吠，吃了它可以治疗痈病。山上有一种野兽，它的形状像豪猪，长着红色的豪毛，它的叫声像抽水声，名叫孟槐，可以用它来抵御凶邪。这座山上没有草木，多产石青和雄黄。

又北三百五十里，曰涿光之山。嚣水出焉，而西流注于河。其中多鳛鳛之鱼[①]，其状如鹊而十翼，鳞皆在羽端，其音如鹊，可以御火，食之不瘅。其上多松、柏，其下多棕、橿，其兽多麢羊，其鸟多蕃[②]。

〔注释〕

①鳛鳛(xí)之鱼:古代传说中的一种怪鱼。

②蕃(fán):鸟名。

〔译文〕

谯明山向北三百五十里的地方,叫作涿光山。嚻水从这里发源,向西流注入黄河。水中有许多鳛鳛鱼,它的形状像喜鹊,长着十个翅膀,鱼鳞都在羽毛的顶端。它的叫声像喜鹊的鸣叫声,可以用它来防御火灾,吃了它就不会得黄疸病。这座山上生长着许多松树、柏树,山下有许多棕树、橿树,山上的野兽多是羚羊,鸟类多是蕃鸟。

又北三百八十里,曰虢(guó)山,其上多漆,其下多桐、椐①,其阳多玉,其阴多铁。伊水出焉,西流注于河。其兽多橐驼②,其鸟多寓③,其状如鼠而鸟翼,其音如羊,可以御兵。

〔注释〕

①桐、椐(jū):梧桐和樻(kuì)树。椐,古书上说的一种小树,有肿节,可以做手杖,又称樻树。郭璞注云:“桐,梧桐也。椐,樻木,肿节中杖。”

②橐驼:即骆驼。郭璞注云:“有肉鞍,善行流沙中,日行三百里。其负千斤,知水泉所在也。”

③寓:鸟名,蝙蝠一类的动物。郝懿行《笺疏》云:“《方言》云:‘寓,寄也。’此经寓鸟,盖蝙蝠之类。”

〔译文〕

涿光山向北三百八十里的地方，叫作虢山，这座山上生长着许多漆树，山下有许多梧桐和椐树。山的南面多产玉石，山的北面多产铁。伊水从这里发源，向西流注入黄河。山上的野兽多是骆驼，鸟类多是寓鸟，它的形状像老鼠，长着鸟的翅膀。它的声音像羊的叫声，可以用它来防御战乱。

又北四百里，至于虢山之尾，其上多玉而无石。鱼水出焉，西流注于河，其中多文贝。

〔译文〕

虢山向北四百里，就到了虢山的尾端，山上多产玉，没有石头。鱼水从这里发源，向西流注入黄河，水中有许多带有花纹的贝壳。

又北二百里，曰丹熏之山，其上多樗、柏，其草多韭、䪥[①]，多丹雘。熏水出焉，而西流注于棠水。有兽焉，其状如鼠，而菟首[②]麋身[③]，其音如獆犬，以其尾飞，名曰耳鼠[④]，食之不睬[⑤]，又可以御百毒。

〔注释〕

①䪥(xiè)：同"薤"，一种野菜，地下有鳞茎，鳞茎和嫩叶可食。

②菟(tù)首：兔子的脑袋。菟，同"兔"。

③麋身：当为"麋耳"，即麋鹿的耳朵。袁珂案："《初学记》卷二十九引此经作兔头麋耳。"

④耳鼠：兽名，即鼯鼠。

⑤不睬(cǎi)：不得大肚子病。睬，大肚子病。郭璞注云："睬，大腹也，见《裨苍》，音'采'。"

〔译文〕

虢山的尾端向北二百里的地方，叫作丹熏山。这座山上生长着许多樗树和柏树，草类多是野韭和薤菜，多产红色的颜料。熏水从这里发源，向西流注入棠水。山上有一种野兽，它的形状像老鼠，长着兔子的脑袋、麋鹿的耳朵，它的叫声像狗吠，用尾巴飞行，名叫耳鼠。吃了它就不会得大肚子病，还可以预防百毒的侵害。

又北二百八十里，曰石者之山，其上无草木，多瑶、碧。泚水出焉，西流注于河。有兽焉，其状如豹，而文题①白身，名曰孟极②，是善伏③，其鸣自呼。

〔注释〕

①文题：有花纹的额头。题，额头。

②孟极：传说中的兽名。

③善伏：善于埋伏隐藏。王崇庆《释义》云："善伏，言善藏也。或伏卧之伏。"

〔译文〕

丹熏山向北二百八十里的地方，叫作石者山。这座山上没有草木，多产瑶、碧等美玉。泚水从这里发源，向西流注入黄河。山上有一种野兽，它的形状像豹子，身体是白色的，额头上有花纹，名叫孟极。这种动物善于埋伏隐藏，它的叫声就是它名字的发音。

又北百一十里，曰边春之山，多葱[①]、葵、韭、桃[②]、李。杠水出焉，而西流注于泑泽。有兽焉，其状如禺而文身，善笑，见人则卧[③]，名曰幽鴳[④]，其鸣自呼。

〔注释〕

①葱：山葱。郭璞注云："山葱，名茖（gé），大叶。"
②桃：山桃。郭璞注云："山桃，榹（sì）桃，子小，不解核也。"
③见人则卧：见到人就假装睡觉。郭璞注云："言佯眠也。"
④幽鴳（è）：传说中的异兽名。

〔译文〕

石者山向北一百一十里的地方，叫作边春山，山上生长着许多山葱、野葵、野韭、山桃树和李树。杠水从这里发源，向西流注入泑泽。山上有一种野兽，它的形状像母猴，身上有花纹，喜欢笑，见到人就会假装睡觉，名叫幽鴳。它的叫声就是它名字的发音。

又北二百里，曰蔓联之山，其上无草木。有兽焉，其状如禺而有鬣，牛尾、文臂、马蹄，见人则呼，名曰足訾[①]，其鸣自呼。有鸟焉，群居而朋飞，其毛如雌雉，名曰䴔[②]，其鸣自呼，食之已风[③]。

〔注释〕

①足訾（zǐ）：传说中的野兽。

②䴔(jiāo):一种水鸟,即“赤头鹭”。

③食之已风:吃了它可以治疗风痹病。

〔译文〕

边春山向北二百里的地方,叫作蔓联山。这座山上没有草木。山上有一种野兽,它的形状像母猴,身上有鬃毛,长着牛的尾巴,前肢有花纹,马的蹄子,见到人就会叫,名叫足訾,它的叫声就是它名字的发音。有一种鸟,成群栖息,结队飞翔,它的毛像雌鸡的羽毛,名叫䴔。它的叫声就是它名字的发音,吃了它可以治疗风痹病。

又北百八十里,曰单张之山,其上无草木。有兽焉,其状如豹而长尾,人首而牛耳,一目,名曰诸犍[①],善吒[②],行则衔其尾,居则蟠[③]其尾。有鸟焉,其状如雉,而文首、白翼、黄足,名曰白鵺[④],食之已嗌痛[⑤],可以已痸[⑥]。栎水出焉,而南流注于杠水。

〔注释〕

①诸犍(jiàn):传说中的兽名。

②善吒:喜欢大声吼叫。吒,同“咤”,又同“叱”,大声吼叫。

③蟠(pán):同“盘”,屈曲,环绕,盘伏。

④白鵺(yè):神话中形状像雉的鸟。

⑤嗌(yì)痛:咽喉痛。嗌,咽喉。郭璞注云:“嗌,咽也。《穀梁传》曰:‘嗌不容粒。’今吴人呼咽为嗌。”

⑥已痸(chì):治疗痴呆病。痸,痴呆病。郭璞注云:“痸,痴病也。”

〔译文〕

蔓联山向北一百八十里的地方，叫作单张山，这座山上没有草木。有一种野兽，它的形状像豹子，长着长长的尾巴、人的脑袋、牛的耳朵，一只眼睛，名叫诸犍。喜欢大声吼叫，行走的时候衔着尾巴，休息的时候就把尾巴盘起来。有一种鸟，它的形状像野鸡，脑袋上有花纹，白色的翅膀，黄色的脚，名叫白鵺。吃了它的肉可以治疗咽喉痛，还可以治疗痴呆病。栎水从这里发源，向南流注入杠水。

又北三百二十里，曰灌题之山。其上多樗、柘[①]，其下多流沙，多砥。有兽焉，其状如牛而白尾，其音如訆[②]，名曰那父[③]。有鸟焉，其状如雌雉而人面，见人则跃，名曰竦斯[④]，其鸣自呼也。匠韩之水出焉，而西流注于泑泽，其中多磁石[⑤]。

〔注释〕

①柘(zhè)：柘树，落叶灌木或乔木，树皮灰褐色，有长刺，叶卵形，可以喂蚕，木材质坚而致密，是贵重的木料。

②其音如訆：它的叫声像人的呼唤声。如訆，郭璞注云："如人呼唤。訆，音叫。"

③那父：传说中的兽名。

④竦(sǒng)斯：传说中的人面神鸟名。

⑤磁石：即天然的吸铁石。郭璞注云："可以取铁。《管子》曰：'山上有磁石者，下必有铜。'"

〔译文〕

单张山向北三百二十里的地方，叫作灌题山。这座山上生长着许多樗树、柘树，山下有大量流沙，多产砥石。山上有一种野兽，它的形状像牛，长着白色的尾巴，它的叫声像人的呼唤声，名叫那父。有一种鸟，它的形状像雌性野鸡，长着人的脸，见到人就会跳跃，名叫竦斯，它的叫声就是它名字的发音。匠韩水从这里发源，向西流注入泑泽，水中有许多磁铁石。

又北二百里，曰潘侯之山，其上多松、柏，其下多榛、楛，其阳多玉，其阴多铁。有兽焉，其状如牛，而四节生毛①，名曰旄牛。边水出焉，而南流注于栎泽。

〔注释〕

①四节生毛：四条腿的关节上都长有长毛。节，关节。

〔译文〕

灌题山向北二百里的地方，叫作潘侯山，这座山上生长着许多松树、柏树，山下生长着许多榛树、楛树。山的南面多产玉石，北面多产铁。有一种野兽，它的形状像牛，四条腿的关节上都长有长毛，名叫旄牛。边水从这座山发源，向南流注入栎泽。

又北二百三十里，曰小咸之山，无草木，冬夏有雪。

〔译文〕

潘侯山向北二百三十里的地方，叫作小咸山。这座山上没有草木，冬季和夏季都有雪。

北二百八十里，曰大咸之山。无草木，其下多玉。是山也，四方，不可以上。有蛇名曰长蛇，其毛如彘豪，其音如鼓柝①。

〔注释〕

①鼓柝(tuò)：击柝。柝，巡夜报更的木梆。郭璞注云："如人行夜，敲木柝声。音托。"

〔译文〕

小咸山向北二百八十里的地方，叫作大咸山。山上没有草木，山下多产玉石。这座山呈四方形，不可以攀登。山上有一种蛇名叫长蛇，长着像猪鬃一样的硬毛。它的叫声像巡夜报更的木梆声。

又北三百二十里，曰敦薨之山。其上多棕、楠，其下多茈草。敦薨之水出焉，而西流注于泑泽。出于昆仑之东北隅，实惟河原①。其中多赤鲑②，其兽多兕、旄牛，其鸟多鸤鸠③。

〔注释〕

①河原：亦作"河源"，古代特指黄河的源头。

②赤鲑(guī)：红色的河豚。郭璞注云："今名鯸鲐(hóutái)为鲑鱼。音圭。"

③鸤鸠：即布谷。《诗经·曹风·鸤鸠》："鸤鸠在桑，其子七兮。"

〔译文〕

大咸山向北三百二十里的地方，叫作敦薨山。这座山上生长着许多棕树、楠树，山下生长着许多紫草。敦薨水从这里发源，向西流注入泑泽。泑泽发源于昆仑山的东北角，这里是黄河的源头。敦薨水中有许多红色的河豚，这座山上的野兽多为雌犀牛、牦牛，鸟类多为布谷鸟。

又北二百里，曰少咸之山。无草木，多青碧。有兽焉，其状如牛，而赤身、人面、马足，名曰窫窳[①]，其音如婴儿，是食人。敦水出焉，东流注于雁门之水。其中多鲱鲱之鱼[②]，食之杀人。

〔注释〕

①窫窳(yàyǔ)：古代传说中吃人的怪兽，历来说法不一。郭璞注云："《尔雅》云：'窫窳似貙，虎爪。'"郝懿行《笺疏》云："《海内南经》云：'窫窳龙首，居若水中。'《海内西经》云：'窫窳蛇身人面。'又与此及《尔雅》不同。"

②鲱鲱(bèi)之鱼：即江豚。《本草纲目》卷四十四："河豚，《北山经》名鲱鱼。"毕沅云："即鲄(jú)鱼也。一名江豚。"

〔译文〕

敦薨山向北二百里的地方，叫作少咸山。山上没有草木，多产青色碧玉。有一种野兽，它的形状像牛，身体是红色的，长着人的脸、马的腿，名叫窫窳。它的叫声像婴儿的啼哭声，会吃人。敦水从这里发源，向东流注入雁门水。水中有许多江豚，吃了它人就会中毒死亡。

又北二百里，曰狱法之山。瀤(huái)泽之水出焉，而东北流注于泰泽。其中多鱳鱼[①]，其状如鲤而鸡足，食之已疣。有兽焉，其状如犬而人面，善投，见人则笑，其名山𤟤[②]。其行如风，见则天下大风。

〔注释〕

①鱳(zǎo)鱼：传说中的一种鱼，形状像鲤鱼，长着鸡脚。

②山𤟤(huī)：兽名。袁珂案："山𤟤盖即举父、枭阳之类也。"

〔译文〕

少咸山向北二百里的地方，叫作狱法山。瀤泽水从这里发源，向东北方向流注入泰泽。水中有许多鱳鱼，它的形状像鲤鱼，长着鸡的脚，吃了它可以治疗皮肤病。有一种野兽，它的形状像狗，长着人的脸，喜欢投掷东西，见了人就会笑，名叫山𤟤。行走像风一样快，看见它天下就会刮大风。

又北二百里，曰北岳之山，多枳、棘[①]、刚木[②]。有兽焉，其状如牛，而四角、人目、彘耳，其名曰诸怀[③]。其音如鸣雁，是食人。诸怀之水出焉，而西流注于嚣水。水中多鮨鱼[④]，鱼身而犬首，其音如婴儿，食之已狂。

〔注释〕

①棘：酸枣树，茎上多刺。

②刚木：木质坚硬的树木。郭璞注云："檀、柘之属。"

③诸怀：传说中的兽名。

④鮨(yì)鱼:古指鲵鱼。

〔译文〕

狱法山向北二百里的地方,叫作北岳山,山上生长着许多枸橘树、酸枣树和檀、柘一类木质坚硬的树木。有一种野兽,它的形状像牛,头上有四只角,长着人的眼睛、猪的耳朵,它的名字叫诸怀。它的叫声像大雁鸣叫,会吃人。诸怀水从这里发源,向西流注入嚣水。水中有许多鲵鱼,长着鱼的身体狗的脑袋,它的叫声像婴儿的啼哭声,吃了它可以治疗癫狂症。

又北百八十里,曰浑夕之山。无草木,多铜、玉。嚣水出焉,而西北流注于海。有蛇一首两身,名曰肥遗。见则其国大旱。

〔译文〕

北岳山向北一百八十里的地方,叫作浑夕山。山上没有草木,多产铜和玉石。嚣水从这里发源,向西北方向流注入大海。山上有一种蛇,长着一个头两个身子,名叫肥遗。看见它国内就会遭遇旱灾。

又北五十里,曰北单之山。无草木,多葱、韭。

〔译文〕

浑夕山向北五十里的地方,叫作北单山。山上没有草木,生长着许多山葱和野韭。

又北百里，曰罴差之山。无草木，多马。

〔译文〕

北单山向北一百里的地方，叫作罴差山。山上没有草木，有许多野马。

又北百八十里，曰北鲜之山，是多马。鲜水出焉，而西北流注于涂吾之水。

〔译文〕

罴差山向北一百八十里的地方，叫作北鲜山。这座山上有许多野马。鲜水从这里发源，向西北方向流注入涂吾水。

又北百七十里，曰隄(dī)山，多马。有兽焉，其状如豹而文首，名曰狕①。隄水出焉，而东流注于泰泽，其中多龙龟②。

〔注释〕

①狕(yǎo)：古代传说中的一种野兽，似豹，头上有斑纹。

②龙龟：兽名。郝懿行《笺疏》云："龙、龟二物也。或是一物，疑即吉吊也，龙种龟身，故曰龙龟。"

〔译文〕

北鲜山向北一百七十里的地方，叫作隄山，多产野马。山上有一种野兽，它的形状像豹子，头上有花纹，名叫狕。隄水从这里发源，向东流注入泰泽，水中有许多龙龟。

凡《北山经》之首，自单狐之山至于隄山，凡二十五山，五千四百九十里。其神皆人面蛇身，其祠之：毛用一雄鸡、彘瘗，吉玉用一珪，瘗而不糈[①]。其山北人，皆生食不火之物。

〔注释〕

①瘗而不糈：只需要把祭品埋起来，不用精米祭祀。

〔译文〕

北方的第一列山系，从单狐山到隄山，一共二十五座山，五千四百九十里。这些山的山神都长着人的脸、蛇的身子，祭祀这些山神：用一只雄鸡和一头猪一起埋进地里，祭祀的吉玉用一块珪，只埋祭品，不用精米祭祀。这座山北面的人，都生吃没有经过火烧煮的食物。

《北次二经》之首，在河之东，其首枕汾[①]，其名曰管涔之山。其上无木而多草，其下多玉。汾水出焉，而西流注于河。

〔注释〕

①其首枕汾：它的首端枕着汾水。

〔译文〕

北方的第二列山系的第一座山，在黄河以东，它的首端枕着汾水，名字叫管涔山。这座山上没有树，生长着许多草，山下多产玉石。汾水从这里发源，向西流注入黄河。

又西二百五十里，曰少阳之山。其上多玉，其下多赤银[①]。酸水出焉，而东流注于汾水，其中多美赭。

〔注释〕

①赤银：纯度高的白银。郭璞注云："银之精也。"

〔译文〕

管涔山向西二百五十里的地方，叫作少阳山。山上多产玉石，山下多产纯度高的白银。酸水从这里发源，向东流注入汾水，水中多产优质的赭石。

又北五十里，曰县雍之山。其上多玉，其下多铜。其兽多闾[①]、麋，其鸟多白翟、白鹌[②]。晋水出焉，而东南流注于汾水。其中多鮆鱼[③]，其状如儵而赤鳞[④]，其音如叱，食之不骄[⑤]。

〔注释〕

①闾(lǘ)：即山驴。郭璞注云："闾即羭(yú)也，似驴而岐蹄，角如麢羊，一名山驴。《周书》曰：'北唐以闾。'"

②白鹌：像野鸡的一种鸟。郭璞注云："即白鹎也。"袁珂案："白鹎即白翰，已见上文《西山经》嶓冢之山。"

③鮆(cǐ)鱼：鱼名，头长，体侧扁，生活于近海。

④赤鳞：红色的鱼鳞。

⑤不骄：没有狐臭味。骄，亦作"骚"，骚臭。郭璞注云："(骄)或作骚，

骚臭也。”郝懿行《笺疏》云:“骚臭盖即蕴羝之疾,俗名狐骚也。”

〔译文〕

少阳山向北五十里的地方,叫作县雍山。这座山上多产玉石,山下多产铜。野兽多为山驴、麋鹿,鸟类多是白翟和白鹐。晋水从这里发源,向东南方向流注入汾水。水中有许多鮆鱼,它的形状像儵鱼,鱼鳞是红色的,它的叫声像在大声呵斥,吃了它人就不会有狐臭味。

又北二百里,曰狐岐之山。无草木,多青碧。胜水出焉,而东北流注于汾水,其中多苍玉。

〔译文〕

县雍山向北二百里的地方,叫作狐岐山。山上没有草木,多产青色碧玉。胜水从这里发源,向东北方向流注入汾水,水中多产深青色的玉石。

又北三百五十里,曰白沙山。广员三百里,尽沙也,无草木鸟兽。鲔(wěi)水出于其上,潜于其下①,是多白玉。

〔注释〕

①“出于其上”两句:发源于这座山的山顶,潜流在山脚下。郭璞注云:“出山之顶,停其底也。”

〔译文〕

狐岐山向北三百五十里的地方,叫作白沙山。这座山方圆三百里，全都是沙土，山上没有草木和鸟兽。鲔水发源于这座山的山顶，潜流在山脚下，水中多产白玉。

又北四百里，曰尔是之山。无草木，无水。

〔译文〕

白沙山向北四百里的地方，叫作尔是山。山上没有草木，没有水。

又北三百八十里，曰狂山。无草木。是山也，冬夏有雪。狂水出焉，而西流注于浮水，其中多美玉。

〔译文〕

尔是山向北三百八十里的地方，叫作狂山。山上没有草木。这座山上冬季和夏季都有雪。狂水从这里发源，向西流注入浮水，水中多产精美的玉石。

又北三百八十里，曰诸余之山。其上多铜、玉，其下多松、柏。诸余之水出焉，而东流注于旄水。

〔译文〕

狂山向北三百八十里的地方，叫作诸余山。山上多产铜和玉石，山下生长着许多松树、柏树。诸余水从这里发源，向东流注入旄水。

又北三百五十里，曰敦头之山。其上多金、玉，无草木。旄水出焉，而东流注于印泽[1]。其中多䮝(bó)马，牛尾而白身，一角，其音如呼。

〔注释〕

①印泽：当为邛(qióng)泽。袁珂案："经文印泽，王念孙、郝懿行并校邛泽，即下文北嚣山邛泽也。汪绂本、毕沅本亦俱作邛泽。"

〔译文〕

诸余山向北三百五十里的地方，叫作敦头山。这座山上多产金属矿物和玉石，没有草木。旄水从这里发源，向东流注入邛泽。水岸边生活着许多䮝马，长着牛的尾巴，白色的身体，头上一只角，它的叫声像人在呼喊。

又北三百五十里，曰钩吾之山。其上多玉，其下多铜。有兽焉，其状如羊身人面，其目在腋下，虎齿人爪，其音如婴儿，名曰狍鸮[1]，是食人。

〔注释〕

①狍鸮(páoxiāo)：神话传说中的兽名。

〔译文〕

敦头山向北三百五十里的地方，叫作钩吾山。这座山上多产玉石，山下多产铜。有一种野兽，它的形状像羊，长着人的脸，眼睛在腋下，有老虎的牙齿、人的手，它的叫声像婴儿的啼哭声，名叫狍鸮，会吃人。

又北三百里，曰北嚻之山。无石，其阳多碧，其阴多玉。有兽焉，其状如虎，而白身犬首，马尾彘鬣，名曰独狢[①]。有鸟焉，其状如乌，人面，名曰鸄鹛[②]。宵飞而昼伏，食之已暍[③]。涔水出焉，而东流注于邛泽。

〔注释〕

①独狢（yù）：传说中的一种怪兽。

②鸄鹛（pánmào）：鸟名。郭璞注云："鸺鹠（xiūliú）之属。"

③已暍（yē）：治疗热病。郭璞注云："中热也。"

〔译文〕

钩吾山向北三百里的地方，叫作北嚻山。山上没有石头，山的南面多产碧玉，山的北面多产玉石。有一种野兽，它的形状像老虎，身体是白色的，长着狗的脑袋、马的尾巴、猪的鬃毛，名叫独狢。有一种鸟，它的形状像乌鸦，长着人的脸，名叫鸄鹛。这种鸟晚上活动白天蛰伏，吃了它可以治疗热病。涔水从这里发源，向东流注入邛泽。

又北三百五十里，曰梁渠之山。无草木，多金、玉。修水出焉，而东流注于雁门[①]。其兽多居暨[②]，其状如彙[③]而赤毛，其音如豚。有鸟焉，其状如夸父[④]，四翼、一目、犬尾，名曰嚻。其音如鹊，食之已腹痛，可以止衕[⑤]。

〔注释〕

①雁门：水名，即雁门水。郭璞注云："水名。"

②居暨（jì）：野兽名。

③彙(huì):一种像刺猬的老鼠。郭璞注云:“彙似鼠,赤毛。如刺猬也。”

④夸父:兽名,又名举父。郭璞注云:“或作举父。”袁珂案:“举父已见上文《西次三经》崇吾之山。”

⑤止衕(dòng):治疗腹泻。郭璞注云:“治洞下也。音洞。”衕,同“洞”。

〔译文〕

北嚻山向北三百五十里的地方,叫作梁渠山。山上没有草木,多产金属矿物和玉石。修水从这里发源,向东流注入雁门水。山上的野兽多是居暨,它的形状像彙,长着红色的毛,它叫的声音像猪叫。山上有一种鸟,它的形状像夸父,有四个翅膀,一只眼睛,长着狗的尾巴,名叫嚻。它的声音像喜鹊的鸣叫声,吃了它可以治疗肚子疼,还可以治疗腹泻。

又北四百里,曰姑灌之山。无草木。是山也,冬夏有雪。

〔译文〕

梁渠山向北四百里的地方,叫作姑灌山。山上没有草木。这座山上,冬季和夏季都有雪。

又北三百八十里,曰湖灌之山。其阳多玉,其阴多碧,多马。湖灌之水出焉,而东流注于海,其中多鲤[1]。有木焉,其叶如柳而赤理。

〔注释〕

①䱇(shàn):同“鳝”,即鳝鱼。郭璞注云:“亦䱇鱼字。”袁珂案:“䱇音善,䱇鱼即鳝鱼也。”

〔译文〕

姑灌山向北三百八十里的地方,叫作湖灌山。山的南面多产玉石,北面多产碧玉,还多产野马。湖灌水从这里发源,向东流注入大海,水中有许多鳝鱼。山上有一种树木,它的叶子像柳叶,有红色的纹理。

又北水行五百里,流沙三百里,至于洹(huán)山,其上多金、玉。三桑①生之,其树皆无枝,其高百仞。百果树②生之。其下多怪蛇。

〔注释〕

①三桑:古代神话传说中的三株桑树。

②百果树:各种各样的果树。

〔译文〕

湖灌山向北水行五百里,穿过三百里流沙,就到了洹山,山上多产金属矿物和玉石。传说中的三株桑树就生长在这里,这种树没有枝,树高八十丈。各种各样的果树生长在这里。山下有许多怪蛇。

又北三百里,曰敦题之山。无草木,多金、玉。是錞[1]于北海[2]。

〔注释〕

①錞(chún):袁珂案:"经文錞之义,已见上文《西次三经》騩山郭注,郭云錞犹隄埻也。郝懿行云,盖埤障之义。汪绂释錞为蹲之假音,尤洽。"

②北海:指渤海。

〔译文〕

洹山向北三百里的地方,叫作敦题山。山上没有草木,多产金属矿物和玉石。这座山坐落在渤海岸边。

凡《北次二经》之首,自管涔之山至于敦题之山,凡十七山,五千六百九十里。其神皆蛇身人面。其祠:毛用一雄鸡、彘瘗;用一璧一珪,投而不糈[1]。

〔注释〕

①投而不糈:将它们投掷于山中,祭祀的米不用精米。郭璞注云:"掷玉于山中以礼神,不埋之也。"

〔译文〕

北方的第二列山系,从管涔山到敦题山,一共十七座山,五千六百九十里。这些山山神的形貌都是蛇的身子、人的脸。祭祀这些山神:毛物用一只雄鸡和一头猪埋进地里;把一块璧和一块珪投掷于山中,祭祀的米不用精米。

《北次三经》之首,曰太行之山。其首曰归山,其上有金、玉，其下有碧。有兽焉，其状如麢羊而四角，马尾而有距[①]，其名曰䮝[②]。善还[③]，其名自訆。有鸟焉，其状如鹊，白身、赤尾、六足，其名曰鷶[④]。是善惊[⑤]，其鸣自该[⑥]。

〔注释〕

①有距：像雄鸡一样的爪子。距，雄鸡爪子后面凸出像脚趾的部分。

②䮝（hún）：传说中的一种怪兽。

③善还（xuán）：善于盘旋跳舞。还，同"旋"。袁珂案："还音旋，盘旋而舞也。"

④鷶（fén）：古代传说中的一种怪鸟。

⑤善惊：容易受惊吓。

⑥其鸣自该（xiào）：它的叫声像是在呼唤自己的名字。该，呼喊。郭璞注云："今吴人谓呼为该。"

〔译文〕

北方的第三列山系，叫作太行山系。它的第一座山叫作归山，这座山上产金属矿物、玉石，山下产碧玉。有一种野兽，它的形状像羚羊，头上有四只角，长着马的尾巴、雄鸡一样的爪子，它的名字叫䮝。善于盘旋跳舞，它的叫声像是在呼唤自己的名字。有一种鸟，它的形状像喜鹊，有白色的身子、红色的尾巴、六条腿，它的名字叫鷶。这种鸟容易受惊吓，它的叫声也像是在呼唤自己的名字。

又东北二百里，曰龙侯之山。无草木，多金、玉。决决（jué）之水出焉，而东流注于河。其中多人鱼，其状如鳑鱼[①]，四足，其音如婴儿，食之无痴疾[②]。

〔注释〕

①鳑(tí)鱼:即鲵。郭璞注云:“鳑,见《中山经》。或曰:人鱼即鲵也,似鲇而四足,声如小儿啼。今亦呼鲇为鳑,音蹄。”

②痴疾:痴呆病。

〔译文〕

归山东北二百里的地方,叫作龙侯山。山上没有草木,多产金属矿物和玉石。决决水从这里发源,向东流注入黄河。水中有许多人鱼,它的形状像鲵,有四条腿,它的叫声像婴儿的啼哭声,吃了它的肉人就不会得痴呆病。

又东北二百里,曰马成之山。其上多文石,其阴多金、玉。有兽焉,其状如白犬而黑头,见人则飞,其名曰天马[①]。其鸣自训。有鸟焉,其状如乌,首白而身青、足黄,是名曰鶌鶋[②],其鸣自詨。食之不饥,可以已寓[③]。

〔注释〕

①天马:传说中兽名。

②鶌鶋(qūjū):亦作“鶌居”,传说中的鸟名。

③寓:昏忘病。郝懿行《笺疏》云:“‘寓’,‘误’盖以声近为义,误。疑昏忘之病也。”

〔译文〕

龙侯山东北二百里的地方,叫作马成山。这座山上多产有纹理的石头,山的北面多产金属矿物和玉石。有一种野兽,它的形状像白狗，长着黑色的脑袋，看见人来就会张开翅膀飞走，它的名字叫天马。它的叫声像是在呼唤自己的名字。有一种鸟，它的形状像乌鸦，长着白色的脑袋、青色的身体、黄色的脚，这种鸟名叫鶌鶋，它的叫声像是在呼唤自己的名字。吃了它的肉人就不会饥饿，还可以治疗昏忘病。

又东北七十里，曰咸山。其上有玉，其下多铜。是多松、柏，草多茈草。条菅之水出焉，而西南流注于长泽。其中多器酸①，三岁一成，食之已疠②。

〔注释〕

①器酸：产于静水中的一种酸性食物。袁珂注引王崇庆《释义》云："器酸或物之可食而酸者……盖泽水止而不流，积久或酸，故曰三年一成。"

②疠(lì)：恶疮，麻风。

〔译文〕

马成山东北七十里的地方，叫作咸山。山上多产玉石，山下多产铜。这座山上生长着许多松树和柏树，草类多是紫草。条菅水从这里发源，向西南方向流注入长泽。水中有许多器酸，它们生于静水之中，三年才能长成，吃了它可以治疗麻风病。

又东北二百里，曰天池之山。其上无草木，多文石。有兽焉，其状如兔而鼠首，以其背飞①，其名曰飞鼠。渑水出焉，潜于其下，其中多黄垩②。

〔注释〕

①以其背飞：用它背上的毛来飞。郭璞注云："用其背上毛飞，飞则

仰也。”

②黄垩：黄土。郭璞注云：“垩，土也。”

〔译文〕

咸山东北二百里的地方，叫作天池山。这座山上没有草木，有许多带有花纹的石头。山上有一种野兽，它的形状像兔子，长着老鼠的脑袋，用它背上的毛来飞，它的名字叫飞鼠。渑水从这里发源，在山脚下潜流，水中多产黄土。

又东三百里，曰阳山。其上多玉，其下多金、铜。有兽焉，其状如牛而赤尾，其颈䐗[①]，其状如句瞿[②]，其名曰领胡[③]，其鸣自詨，食之已狂。有鸟焉，其状如雌雉，而五采以文，是自为牝牡，名曰象蛇[④]，其鸣自詨。留水出焉，而南流注于河。其中有䱗父之鱼[⑤]，其状如鲋鱼[⑥]，鱼首而彘身，食之已呕。

〔注释〕

①䐗（shèn）：肉瘤。郭璞注云：“言颈上有肉䐗。”

②句瞿（gōuqú）：斗的别名。郭璞注云：“句瞿，斗也。”

③领胡：传说中的兽名。郝懿行《笺疏》云：“《说文》云：‘领，项也；胡，牛顄（hàn）垂也。’此牛颈肉垂如斗，因名之领胡乎？”

④象蛇：古代传说中的鸟名，一体而具雌雄。

⑤䱗（xiàn）父之鱼：鱼名，略像鲫鱼的鱼。

⑥鲋鱼：即鲫鱼。

〔译文〕

天池山向东三百里的地方，叫作阳山。山上多产玉石，山下多产金属矿物和铜。有一种野兽，它的形状像牛，长着红色的尾巴，它的颈上有肉瘤，形状像斗，它的名字叫领胡，它的叫声像呼唤自己的名字，吃了它的肉可以治疗癫狂症。有一种鸟，它的形状像雌性野鸡，身上有五彩的花纹，这种鸟雌雄同体，可以自己交配繁殖后代，名叫象蛇，它的叫声像呼唤自己的名字。留水从这里发源，向南流注入黄河。水中有鮨父鱼，它的形状像鲫鱼，长着鱼的脑袋猪的身子，吃了它的肉可以治疗呕吐。

又东三百五十里，曰贲(bēn)闻之山。其上多苍玉，其下多黄垩，多涅石①。

〔注释〕

①涅石：黑矾石，可为染料。

〔译文〕

阳山向东三百五十里地方，叫作贲闻山。山上多产苍玉，山下多产黄土和黑矾石。

又北百里，曰王屋之山①，是多石。𣲘(lián)水出焉，而西北流注于泰泽。

〔注释〕

①王屋之山：山名，在山西阳城、垣曲两县之间。山有三重，其状如屋，故名。袁珂案：“在今山西省阳城县西南。”

〔译文〕

贲闻山向北一百里的地方，叫作王屋山，这座山上有许多石头。滪水从这里发源，向西北方向流注入泰泽。

又东北三百里，曰教山。其上多玉而无石。教水出焉，西流注于河。是水冬干而夏流，实惟干河。其中有两山。是山也，广员三百步，其名曰发丸之山，其上有金、玉。

〔译文〕

王屋山东北方向三百里的地方，叫作教山。这座山上多产玉，没有石头。教水从这里发源，向西流注入黄河。这条河冬天干涸，夏天才有水流，其实就是一条干河。教水流经的地方有两座山，这两座山大概方圆三百步的范围，名叫发丸山，山上出产金属矿物和玉石。

又南三百里，曰景山。南望盐贩之泽①，北望少泽。其上多草、藷萸②，其草多秦椒③。其阴多赭，其阳多玉。有鸟焉，其状如蛇，而四翼、六目、三足，名曰酸与④。其鸣自詨，见则其邑有恐⑤。

〔注释〕

①贩之泽：古泽名。郭璞注云："即盐池也，今在河东猗氏县。或无贩字。"

②藷萸(shǔyù)：又名"薯蓣"，即山药。郭璞注："根似羊蹄，可食；曙豫二音。"郝懿行《笺疏》："即今之山药也。"

③秦椒：即花椒，以产于秦地，故名。郭璞注云："子似椒而细叶，草也。"

④酸与：传说中的鸟名。

⑤有恐：有恐慌。

〔译文〕

教山向南三百里的地方，叫作景山。向南可以望见盐贩泽，向北可以望见少泽。这座山上有许多草和山药，草类多是花椒。山的北面多产赭石，山的南面多产玉。有一种鸟，它的形状像蛇，长着四个翅膀、六只眼睛、三只脚，名叫酸与。它的叫声好像在呼唤自己的名字，看见它就会给当地带来恐慌。

又东南三百二十里，曰孟门之山①。其上多苍玉，多金，其下多黄垩，多涅石。

〔注释〕

①孟门之山：古山名，在陕西宜川东北、山西吉县西，绵亘黄河两岸，又称龙门上口。

〔译文〕

景山东南三百二十里的地方，叫作孟门山。这座山上有许多深青色的玉，也多产金属矿物，山下多产黄土和黑矾石。

又东南三百二十里，曰平山。平水出于其上，潜于其下，是多美玉。

〔译文〕

孟门山东南三百二十里的地方，叫作平山。平水在山顶发源，在山脚下潜流，水中多产精美的玉石。

卷四　东山经

〔题解〕

《东山经》有四大山系，共计四十六座山，总长一万八千八百六十里。这些山上植被较少，矿藏却很丰富。由于靠近大海，地势较低，有许多湖泽，水中也多产蝌蚪、贝壳、紫色螺、蚌蛤、泥鳅、紫菜、海带等一些湖泽、滩涂生物。

《东山经》也有一些名山，如泰山、姑射山。尤其第三列山系中行经的所有山，都要走水路才能到达。山上的动物千奇百怪，有形状像狗长着六只脚的从从，有形状像猪却体含珠子的狪狪，有形状像兔子长着鸟嘴，见人就装死的犰狳，有形状像狐狸却长着翅膀的獙獙等，还有一种瑞兽当康，一出现天下就会五谷丰登。

《东山经》之首，曰樕螽(sùzhū)之山，北临乾昧[1]。食水出焉，而东北流注于海。其中多鳙鳙之鱼[2]，其状如犁牛[3]，其音如彘鸣。

〔注释〕

①乾昧：传说中的山名。

②鳙鳙(yōng)之鱼：古代传说中的一种怪鱼。

③犁牛：杂色牛。郭璞注云："牛似虎文者。"

〔译文〕

东方第一列山系的第一座山，叫作樕螽山。这座山的北面靠近乾昧山。食水从这里发源，向东北方向流注入大海。水中有许多鳙鳙鱼，它的形状像犁牛，声音像猪叫。

又南三百里，曰藟（lěi）山。其上有玉，其下有金。湖水出焉，东流注于食水，其中多活师①。

〔注释〕

①活师：即蝌蚪。郭璞注云："科斗也。《尔雅》谓之活东。"

〔译文〕

樕螽山向南三百里的地方，叫作藟山。山上出产玉石，山下多产金属矿物。湖水从这里发源，向东流注入食水，水中有许多蝌蚪。

又南三百里，曰栒状之山。其上多金、玉，其下多青碧、石。有兽焉，其状如犬，六足，其名曰从从①，其鸣自詨。有鸟焉，其状如鸡而鼠毛②，其名曰蚩鼠③，见则其邑大旱。沢（zhǐ）水出焉，而北流注于湖水。其中多箴鱼④，其状如儵⑤，其喙如箴⑥，食之无疫疾。

〔注释〕

①从从：古代传说中的兽名。

②毛：郝懿行《笺疏》云："毛，《说文》作尾。"袁珂案："作尾是，今图正

作如鸡而鼠尾状。”

③蚩(zī)鼠:古代传说中的鸟名。

④箴鱼:鱼名。郭璞注云:“出东海,今江东水中亦有之。”

⑤儵:指儵鱼。儵,古同“鲦”,体小,呈条状,肉可食,生活在淡水中。

⑥其喙如箴:它的嘴像针一样细。箴,即“针”字。

〔译文〕

䔿山向南三百里的地方,叫作栒状山。山上多产金属矿物和玉石,山下多产青碧玉和石头。山上有一种野兽,它的形状像狗,有六条腿,它的名字叫从从,它的叫声像呼唤自己的名字。有一种鸟,它的形状像鸡,长着老鼠的尾巴,它的名字叫蚩鼠,看见它当地就会遭遇旱灾。沢水从这座山发源,向北流注入湖水。水中有许多箴鱼,形状像鲦鱼,它的嘴像针一样细,吃了它的肉人就不会得瘟疫。

又南三百里,曰勃亝之山①。无草木,无水。

〔注释〕

①勃亝(qí)之山:山名。亝,古同“齐”。

〔译文〕

栒状山向南三百里的地方,叫作勃亝山。山上没有草木,没有水。

又南三百里,曰番条之山。无草木,多沙。减

(jiǎn)水出焉，北流注于海，其中多鳡鱼①。

〔注释〕

①鳡(gǎn)鱼：一种身体长而大，性凶猛，捕食其他鱼类的大鱼，亦称“黄钻”。郭璞注云：“一名黄颊。音‘感’。”

〔译文〕

勃垒山向南三百里的地方，叫作番条山。山上没有草木，有许多沙土。减水从这里发源，向北流注入大海，水中有许多鳡鱼。

又南四百里，曰姑儿之山。其上多漆，其下多桑、柘。姑儿之水出焉，北流注于海，其中多鳡鱼。

〔译文〕

番条山向南四百里的地方，叫作姑儿山。这座山上生长着许多漆树，山下生长着许多桑树、柘树。姑儿水从这里发源，向北流注入大海，水中有许多鳡鱼。

又南四百里，曰高氏之山。其上多玉，其下多箴石①。诸绳之水出焉，东流注于泽，其中多金、玉。

〔注释〕

①箴石：石制的针，古代治病之具。亦指可用以制针的石头。郭璞注云：“可以为砭针治痈肿者。”

〔译文〕

姑儿山向南四百里的地方，叫作高氏山。山上多产玉石，山下多产箴石。诸绳水从这里发源，向东流注入湖泽，水中多产金属矿物和玉石。

又南三百里，曰岳山。其上多桑，其下多樗。泺（luò）水出焉，东流注于泽，其中多金、玉。

〔译文〕

高氏山向南三百里的地方，叫作岳山。这座山上有许多桑树，山下有许多樗树。泺水从这里发源，向东流注入湖泽，水中多产金属矿物和玉石。

又南三百里，曰犲山[1]。其上无草木，其下多水，其中多堪抒之鱼[2]。有兽焉，其状如夸父而彘毛，其音如呼，见则天下大水。

〔注释〕

①犲（chái）山：山名。犲，郝懿行《笺疏》云："犲即豺别字。"

②堪抒（xù）之鱼：古代的一种鱼名。郭璞注云："未详。"

〔译文〕

岳山向南三百里的地方，叫作犲山。这座山上没有草木，山下有许多水，水中有许多堪抒鱼。山上有一种野兽，它的形状像夸父，身上长着猪毛，它的叫声像人在大声呼喊，看见它天下就会发大水。

又南三百里，曰独山。其上多金、玉，其下多美石。末涂之水出焉，而东南流注于沔。其中多偹蟰①，其状如黄蛇②，鱼翼③，出入有光，见则其邑大旱。

〔注释〕

①偹蟰（tiáoyóng）：传说中的一种动物。

②黄蛇：古代传说中铜剑所变的蛇。苏轼《武昌铜剑歌》："雨余江清风卷沙，雷公蹑云捕黄蛇。"

③鱼翼：即鱼鳍。

〔译文〕

犲山向南三百里的地方，叫作独山。山上多产金属矿物和玉石，山下多产精美的石头。末涂水从这里发源，向东南方向流注入沔水。水中有许多偹蟰，它的形状像黄蛇，身上长着鱼鳍，出入水中时闪闪发光，它一出现当地就会遭遇旱灾。

又南三百里，曰泰山。其上多玉，其下多金。有兽焉，其状如豚而有珠①，名曰狪狪②，其鸣自讠。环水出焉，东流注于江③，其中多水玉。

〔注释〕

①有珠：即体内有珠子。

②狪狪（tóng）：传说中的兽名。

③东流注于江：向东流注入汶水。江，即汶水。袁珂案："经文江，王

念孙、毕沅、郝懿行俱校作‘汶’,以作‘汶’为是。”

〔译文〕

独山向南三百里的地方,叫作泰山。山上多产玉石,山下多产金属矿物。山上有一种野兽,它的形状像猪,体内有珠子,名叫狪狪,它的叫声像呼唤自己的名字。环水从这里发源,向东流注入汶水,水中多产水晶。

又南三百里,曰竹山。錞于江①,无草木,多瑶、碧。激水出焉,而东南流注于娶檀之水,其中多茈蠃②。

〔注释〕

①錞于江:靠近汶水岸边。江,即汶水。袁珂案:“经文錞于江,郝懿行云:‘江亦当作汶。’”

②茈蠃(zǐluó):即“紫蠃”,紫色的螺。郝懿行《笺疏》云:“蠃当作‘蠃’,字之讹。茈蠃,紫色螺也。”

〔译文〕

泰山向南三百里的地方,叫作竹山。这座山坐落在汶水岸边,山上没有草木,多产瑶、碧等美玉。激水从这里发源,向东南方向流注入娶檀水,水中有许多紫色的螺。

凡《东山经》之首,自樕蟊之山至于竹山,凡十二山,三千六百里。其神状皆人身龙首。祠:毛用一犬祈,衈用鱼①。

〔注释〕

①衈(èr):用血涂祭。

〔译文〕

东方的第一列山系,从樕螽山到竹山,一共十二座山,三千六百里。这些山山神的形貌都是人的身体、龙的脑袋。祭祀它们:毛物用一条狗祈祷,用鱼血祭器。

《东次二经》之首,曰空桑之山①。北临食水,东望沮吴,南望沙陵,西望湣(mǐn)泽。有兽焉,其状如牛而虎文,其音如钦,其名曰軨軨②。其鸣自叫,见则天下大水。

〔注释〕

①空桑之山:传说中的山名,产琴瑟之材。郭璞注云:“此山出琴瑟材,见《周礼》也。”

②軨軨(líng):传说中的兽名。

〔译文〕

东方的第二列山系的第一座山,叫作空桑山。这座山向北靠近食水,向东可以望见沮吴,向南可以望见沙陵,向西可以望见湣泽。山上有一种野兽,形状像牛,身上有老虎的花纹,它的叫声像人打呵欠的声音,名字叫軨軨。它的叫声像在呼唤自己的名字,一出现天下就会发大水。

又南六百里,曰曹夕之山。其中多榖而无水,多鸟兽。

〔译文〕

空桑山向南六百里的地方，叫作曹夕山。山上生长着许多构树，但没有水，有许多鸟兽。

又西南四百里，曰峄(yì)皋之山。其上多金、玉，其下多白垩。峄皋之水出焉，东流注于激女(rǔ)之水，其中多蜃珧①。

〔注释〕

①蜃珧(yáo)：蚌蛤之属。郭璞注云："蜃，蚌也。珧，玉珧，亦蚌属。"

〔译文〕

曹夕山西南四百里的地方，叫作峄皋山。山上多产金属矿物和玉石，山下多产白土。峄皋水从这里发源，向东流注入激女水，水中有许多蚌蛤。

又南水行五百里，流沙三百里，至于葛山之尾。无草木，多砥、砺。

〔译文〕

峄皋山向南沿水路行走五百里，经过流沙三百里，就到了葛山的山尾。这座山上没有草木，多产磨石。

又南三百八十里，曰葛山之首。无草木。澧(lǐ)水出焉，东流注于余泽。其中多珠蟞鱼①，其状如肺②而有目，六足有珠。其味酸甘，食之无疠[③]。

〔注释〕

①珠蟞（biē）鱼：亦作"珠鳖"，龟的一种，其足有珠。

②胏（fèi）：古同"肺"。袁珂案："经文胏，宋本、汪绂本、吴任臣本、毕沅校本并作肺，作肺是也。"

③疠（lì）：瘟疫。

〔译文〕

从葛山的山尾向南三百八十里，就到了葛山的首端。山上没有草木。澧水从这里发源，向东流注入余泽。水中有许多珠蟞鱼，它的形状像肺叶，身上有眼睛，长着六只脚，脚上有珠。它的肉味道酸中带甜，吃了它的肉就不会得瘟疫。

又南三百八十里，曰余峨之山。其上多梓、楠，其下多荆、芑[①]。杂余之水出焉，东流注于黄水。有兽焉，其状如菟而鸟喙，鸱目蛇尾，见人则眠[②]，名曰犰狳[③]。其鸣自訆，见则螽蝗为败[④]。

〔注释〕

①芑（qǐ）：同"杞"，枸杞。郝懿行《笺疏》云："《南山经》虖勺之山下多荆杞，此经作芑，同声假借字也。下文并同。"

②见人则眠：见到人就会装死。郭璞注云："言佯死也。"

③犰狳（qiúyú）：古代传说中的兽名。

④螽（zhōng）蝗为败：蝗虫伤败田里的庄稼。袁珂案："《说文》十三云：'螽，蝗也；蝗，螽也。''为败'者，郭璞注云：'言伤败田苗'，是也。"

〔译文〕

葛山的首端向南三百八十里的地方，叫作余峨山。这座山上生长着许多梓树、楠树，山下生长着许多荆棘和枸杞。杂余水从这里发源，向东流注入黄水。山上有一种野兽，它的形状像兔子，长着鸟的嘴巴、猫头鹰的眼睛、蛇的尾巴，见到人就会装死，名叫犰狳。它的叫声像呼唤自己的名字，看到它蝗虫就会伤败田里的庄稼。

又南三百里，曰杜父之山。无草木，多水。

〔译文〕

余峨山向南三百里的地方，叫作杜父山。山上没有草木，有许多水。

又南三百里，曰耿山。无草木，多水碧①，多大蛇。有兽焉，其状如狐而鱼翼，其名曰朱獳②。其鸣自训，见则其国有恐。

〔注释〕

①水碧：玉的一种，系水晶一类的矿物，又名碧玉。郭璞注云："亦水玉类。"

②朱獳（rú）：古代传说中一种像狐狸而长有鱼鳍的野兽。

〔译文〕

杜父山向南三百里的地方，叫作耿山。山上没有草木，多产碧玉，有许多大蛇。有一种野兽，它的形状像狐狸，长着鱼鳍，它的名字叫朱獳。它的叫声像呼唤自己的名字，看见它国家就会发生恐慌。

又南三百里，曰卢其之山。无草木，多沙、石。沙水出焉，南流注于涔水。其中多鵹鹕[①]，其状如鸳鸯而人足。其鸣自训，见则其国多土功[②]。

〔注释〕

①鵹鹕（líhú）：又称“鹈鹕”，传说中的鸟名。

②土功：指治水、筑城、建造宫殿等工程。

〔译文〕

耿山向南三百里的地方，叫作卢其山。这座山上没有草木，山上有许多沙土和石头。沙水从这里发源，向南流注入涔水。水中有许多鹈鹕，它的形状像鸳鸯，长着人脚一样的爪子。它的叫声像呼唤自己的名字，看见它国家就会大兴土木。

又南三百八十里，曰姑射之山。无草木，多水。

〔译文〕

卢其山向南三百八十里的地方，叫作姑射山。这座山没有草木，有许多水。

又南水行三百里，流沙百里，曰北姑射之山。无草木，多石。

〔译文〕

姑射山向南沿水路行走三百里，穿过一百里流沙，就到了北姑射山。这座山没有草木，有许多石头。

又南三百里，曰南姑射之山。无草木，多水。

〔译文〕

北姑射山向南三百里的地方，叫作南姑射山。这座山没有植被，有许多水源。

又南三百里，曰碧山。无草木，多大蛇，多碧、水玉。

〔译文〕

南姑射山向南三百里的地方，叫作碧山。这座山上没有草木，有许多大蛇，多产碧玉和水晶。

又南五百里，曰缑（gōu）氏之山。无草木，多金、玉。原水出焉，东流注于沙泽。

〔译文〕

碧山向南五百里的地方，叫作缑氏山。这座山上没有草木，多产金属矿物和玉石。原水从这里发源，向东流注入沙泽。

又南三百里，曰姑逢之山。无草木，多金、玉。有兽焉，其状如狐而有翼，其音如鸿雁[①]，其名曰獙獙[②]。见则天下大旱。

〔注释〕

①鸿雁:俗称大雁。

②獙獙(bì):古代传说中的一种怪兽,形状像狐狸,声音似大雁。

〔译文〕

缑氏山向南三百里的地方,叫作姑逢山。这座山没有草木,多产金属矿物和玉石。山上有一种野兽,它的形状像狐狸,长着鸟的翅膀,它的叫声像大雁鸣叫的声音,它的名字叫獙獙。看见它天下就会遭遇旱灾。

又南五百里,曰凫丽之山。其上多金、玉,其下多箴石。有兽焉,其状如狐,而九尾、九首、虎爪,名曰蛩蛭[①]。其音如婴儿,是食人。

〔注释〕

①蛩蛭(lóngzhí):亦作"蛩蚳",古代神话中的兽名。

〔译文〕

姑逢山向南五百里的地方,叫作凫丽山。这座山上多产金属矿物和玉石,山下多产箴石。山上有一种野兽,它的形状像狐狸,长着九条尾巴、九个脑袋、老虎的爪子,名叫蛩蛭。它的叫声像婴儿的啼哭声,会吃人。

又南五百里,曰䃳(zhēn)山。南临䃳水,东望湖泽。有兽焉，其状如马，而羊目、四角、牛尾，其音如嗥狗，其名曰峳峳[1]。见则其国多狡客[2]。有鸟焉，其状如凫而鼠尾，善登木，其名曰絜钩[3]。见则其国多疫。

〔注释〕

①峳峳(yōu)：传说中的兽名。
②狡客：狡猾的人。郭璞注云："狡，狡猾也。"
③絜(xié)钩：古代传说中的鸟名。

〔译文〕

凫丽山向南五百里的地方，叫作䃌山。这座山向南靠近䃌水，向东可以望见湖泽。山上有一种野兽，它的形状像马，长着羊的眼睛，头上有四只角，牛的尾巴，它的叫声像狗吠，它的名字叫峳峳。看见它国家就会出现很多狡猾的人。有一种鸟，它的形状像野鸡，长着老鼠的尾巴，善于攀登树木，它的名字叫絜钩。看见它国家就会出现瘟疫。

凡《东次二经》之首，自空桑之山至于䃌山，凡十七山，六千六百四十里。其神状皆兽身人面载觡[1]。其祠：毛用一鸡祈，婴用一璧瘗。

〔注释〕

①载觡(gé)：长着麋鹿的角。郭璞注云："麋鹿角为觡。"

〔译文〕

东方的第二列山系，从空桑山到䃌山，一共十七座山，六千六百四十里。这些山山神的形貌都是野兽的身体、人的脸，头上长着麋鹿的角。祭祀它们：毛物用一只鸡祈祷，用一块璧环绕陈祭后埋进地里。

又《东次三经》之首，曰尸胡之山。北望殍(xiáng)山，其上多金、玉，其下多棘。有兽焉，其状如麋而鱼目，名曰妴胡[①]，其鸣自训。

〔注释〕

①妴(wǎn)胡：传说中的一种野兽。

〔译文〕

东方的第三列山系的第一座山，叫作尸胡山。这座山向北可以望见殍山，山上多产金属矿物和玉石，山下生长着许多荆棘。有一种野兽，它的形状像麋鹿，长着鱼的眼睛，名叫妴胡，它的叫声像呼唤自己的名字。

又南水行八百里，曰岐山。其木多桃、李，其兽多虎。

〔译文〕

尸胡山向南沿水路行走八百里，就到了岐山。这座山上生长着许多桃树、李树，野兽多是老虎。

卷五　中山经

〔题解〕

《中山经》共有十二列山系，总计一百九十七座山，总长二万一千三百七十一里。是《五藏山经》中篇幅最长，记载山脉最多的一卷。记述的顺序大体上是由北向南、由西向东、由黄河流域到长江流域。所列山川风物、地形地貌、植被矿藏、飞禽走兽都十分详尽。

《中山经》中所记山系中，也有一些名山。如少室山、泰室山、岷山等。一些山中所记之事还带有神话色彩，如姑媱山的女尸化为䔄草，就是后来“䔄草神话”的原型；洞庭山帝之二女就是尧帝的两个女儿娥皇和女英，也是屈原《九歌》里湘夫人的原型。

由于这些山脉大部分位于我国的中部地区，气候宜人，因此物种丰饶，植被茂盛，草本植物也比其他山经中的要丰富得多，并且许多草本植物都具有药用价值，可见古人很早就开始利用植物来治疗疾病。

《中山经》薄山之首，曰甘枣之山。共水出焉，而西流注于河。其上多杻木，其下有草焉，葵本而杏叶①，黄华而荚实②，名曰箨③，可以已瞢④。有兽焉，其状如獃鼠[5]而文题，其名曰𪕮[6]，食之已瘿。

〔注释〕

①葵本而杏叶：葵的茎干，杏树的叶子。
②荚实：豆荚的果实。
③箨（tuò）：一种植物名。
④瞢（méng）：眼睛昏花。袁珂案："瞢，目不明也。"
⑤䶄（huǐ）鼠：古代传说中的兽名。
⑥𪕮（nuó）：传说中的一种小动物，形状像老鼠，额头上有斑纹。

〔译文〕

《中山经》薄山山系的第一座山，叫作甘枣山。共水从这座山发源，向西流注入黄河。山上有许多杻树，山下有一种草，开黄色的花，结豆荚类的果实，名叫箨，可以治疗眼睛昏花。有一种野兽，它的形状像䶄鼠，额头上有花纹，它的名字叫𪕮，吃了它的肉可以治疗大脖子病。

又东二十里，曰历儿之山。其上多橿，多枥木[1]。是木也，方茎而员叶，黄华而毛，其实如楝[2]，服之不忘[3]。

〔注释〕

①枥（lì）木：古书上说的一种树，果实像板栗。
②楝（liàn）：一种落叶乔木，种子和树皮都可入药。
③服之不忘：服食它人就不会忘事。袁珂案："谓令人健记，盖亦楝类也。"

〔译文〕

甘枣山向东二十里的地方，叫作历儿山。这座山上有许多櫄树，又有许多枥树。这些树都是方形的树干，圆形的叶子，开黄色的花，花瓣上有绒毛，树上的果实像楝树的果实，吃了它可以使人增强记忆力。

又东十五里，曰渠猪之山，其上多竹。渠猪之水出焉，而南流注于河。其中是多豪鱼①，状如鲔(wěi)②，赤喙尾赤羽，可以已白癣。

〔注释〕

①豪鱼：神话传说中的一种鱼。

②鲔(wěi)：古代指鲟鱼。郭璞注云："鲔似鳣也。"

〔译文〕

历儿山向东十五里的地方，叫作渠猪山。这座山上有许多竹子。渠猪水从这里发源，向南流注入黄河。水中有许多豪鱼，它的形状像鲟鱼，长着红色的嘴、红色的尾巴，尾上还有红色的羽毛，吃了它可以治疗白癣病。

又东三十五里，曰葱聋之山。其中多大谷，是多白垩，黑、青、黄垩。

〔译文〕

渠猪山向东三十五里的地方，叫作葱聋山。这座山上有许多大的山谷，山谷中有许多白色、黑色、青色和黄色的垩土。

又东十五里，曰涹(wō)山。其上多赤铜，其阴多铁。

〔译文〕

葱聋山向东十五里的地方，叫作涹山。这座山上多产赤铜，山的北面多产铁。

又东七十里，曰脱扈之山。有草焉，其状如葵叶而赤华、荚实，实如棕荚[①]，名曰植楮[②]。可以已癙[③]，食之不眯。

〔注释〕

①棕荚：棕榈树的果实。

②植楮（chǔ）：传说中的草名。

③癙（shǔ）：瘘疮。

〔译文〕

涹山向东七十里的地方，叫作脱扈山。山上有一种草，它的形状像葵草的叶子，开红色的花，果实属豆荚一类，像棕榈树的果实，它的名字叫植楮。可以治瘘疮病，吃了它人就不会做噩梦。

又东二十里，曰金星之山。多天婴[①]，其状如龙骨[②]，可以已痤[③]。

〔注释〕

①天婴：一种植物名，可以入药。

②龙骨：一种植物名。

③痤（cuó）：即痈疽，一种毒疮。《说文》云："痤，小肿也。"

〔译文〕

脱扈山向东二十里的地方，叫作金星山。这座山上有许多天婴，它的形状像龙骨，可以治疗毒疮。

又东七十里，曰泰威之山。其中有谷，曰枭谷，其中多铁。

〔译文〕

金星山向东七十里的地方，叫作泰威山。这座山中有一个山谷，名叫枭谷，谷中多产铁。

又东十五里，曰橿谷之山。其中多赤铜。

〔译文〕

泰威山向东十五里的地方，叫作橿谷山。山上多产赤铜。

又东百二十里，曰吴林之山。其中多葌草①。

〔注释〕

①葌(jiān)草：兰草。葌，通“菅”。一说同“蕳”。

〔译文〕

橿谷山向东一百二十里的地方，叫作吴林山。这座山上有许多兰草。

又北三十里，曰牛首之山。有草焉，名曰鬼草，其叶如葵而赤茎，其秀如禾[①]，服之不忧。劳水出焉，而西流注于潏（jué）水。是多飞鱼[②]，其状如鲋鱼，食之已痔衕[③]。

〔注释〕

①其秀如禾：它的花像禾苗吐秀时开的花朵。秀，谷类植物的花朵。禾，禾苗。

②飞鱼：鱼名，身体呈长筒形，胸鳍特别发达，像翅膀，能跃出水面做短距离滑翔。分布于温带和亚热带海中，我国沿海均产。

③痔衕（dòng）：即痔漏。

〔译文〕

吴林山向北三十里的地方，叫作牛首山。这座山上有一种草，名字叫鬼草，它的叶子像葵草的叶，长着红色的茎干，它的花像禾苗吐秀时开的花朵，服食它可以让人无忧无虑。劳水从这里发源，向西流注入潏水。水中有许多飞鱼，它的形状像鲫鱼，服食它可以治疗痔漏病。

又北四十里，曰霍山。其木多榖。有兽焉，其状如狸，而白尾有鬣，名曰朏朏[①]，养之可以已忧。

〔注释〕

①朏朏（fěi）：传说中的兽名。

〔译文〕

牛首山向北四十里的地方，叫作霍山。山上的树木多为构树。有一种野兽,它的形状像狸猫,有白色的尾巴,颈上长有刚毛,名叫朏朏,驯养它可以消除忧愁。

又北五十二里,曰合谷之山。是多薝棘[1]。

〔注释〕

①薝(zhān)棘:植物名,又称"颠棘",可入药。郝懿行《笺疏》曰:"《本草》云:'天蘴冬一名颠棘。'即《尔雅》'髦,颠棘'也。薝,《玉篇》云:'丁敢切。'疑薝、颠古字或通。"

〔译文〕

霍山向北五十二里的地方,叫作合谷山。这座山上有许多颠棘。

又北三十五里,曰阴山。多砺石、文石。少水出焉。其中多雕棠[1],其叶如榆叶而方,其实如赤菽[2],食之已聋。

〔注释〕

①雕棠:植物名。

②赤菽(shū):即赤小豆。菽,豆的总称。郭璞注云:"菽,豆。"

〔译文〕

合谷山向北三十五里的地方,叫作阴山。山上有许多磨石和带花纹的石头。少水从这里发源。水边有许多雕棠树,它的叶子是方形的,像榆树的叶子,它的果实像红豆,吃了它可以治疗耳聋。

又东北四百里，曰鼓镫(dèng)之山。多赤铜。有草焉，名曰荣草，其叶如柳，其本如鸡卵①，食之已风。

〔注释〕

①其本如鸡卵：它的根像鸡蛋。

〔译文〕

阴山向东北四百里的地方，叫作鼓镫山。这座山上多产赤铜。山上有一种草，名叫荣草，它的叶子像柳叶，它的根像鸡蛋，吃了它可以治疗风症。

凡薄山之首，自甘枣之山至于鼓镫之山，凡十五山，六千六百七十里。历儿，冢也，其祠礼：毛，太牢之具；县以吉玉①。其余十三山者，毛用一羊，县婴用桑封②，瘗而不糈。桑封者，桑主③也，方其下而锐其上④，而中穿之加金⑤。

〔注释〕

①县以吉玉：用美玉祭祀。县，说法不一。郭璞注云："县，祭山之名也，见《尔雅》。"袁珂案："县即悬本字。"本书译文采用郭璞的注。

②县婴用桑封：环绕祭祀的玉用藻珪。桑封，即藻珪。袁珂案："桑封系藻珪之误。"

③桑主：藻玉。袁珂案："桑主即藻玉，婴系以玉献神之专称。"

④方其下而锐其上：它的下面是方形的，上面是尖锐的。

⑤中穿：中间穿一个孔。加金：汪绂注云："饰以金也。"

〔译文〕

中山经的第一列山系——薄山，从甘枣山到鼓镫山，一共十五座山，六千六百七十里。历儿山，是众山之长，祭祀山神的礼仪：毛物用猪、牛、羊，用美玉祭祀。剩下的十三个山神，毛物用一只羊，环绕祭祀的玉用藻珪，只埋祭物，不用精米祭祀。藻珪，就是藻玉，它的下面是方形的，上面是尖锐的，从中间穿一个孔，嵌入金属作为装饰。

《中次二经》济山之首，曰辉（huī）诸之山。其上多桑，其兽多闾、麋，其鸟多鹖①。

〔注释〕

①鹖（hé）：一种像雉而善斗的鸟。郭璞注云："似雉而大，青色有毛，勇健，斗死而止。"

〔译文〕

《中山经》的第二列山系济山一组，第一座山叫作辉诸山。山上有许多桑树，野兽多是山驴和麋鹿，鸟类多是鹖鸟。

又西南二百里，曰发视之山。其上多金、玉，其下多砥、砺。即鱼之水出焉，而西流注于伊水。

〔译文〕

辉诸山向西南二百里的地方，叫作发视山。这座山上多产金属矿物和玉石，山下有许多砥、砺之类的磨石。即鱼水从这里发源，向西流注入伊水。

又西三百里，曰豪山。其上多金、玉而无草木。

〔译文〕

发视山向西三百里的地方，叫作豪山。这座山上多产金属矿物和玉石，但没有草木。

又西三百里，曰鲜山。多金、玉，无草木。鲜水出焉，而北流注于伊水。其中多鸣蛇[①]，其状如蛇而四翼，其音如磬，见则其邑大旱。

〔注释〕

①鸣蛇：传说中的水中动物名。

〔译文〕

豪山向西三百里的地方，叫作鲜山。山上多产金属矿物和玉石，没有草木。鲜水从这里发源，向北流注入伊水。水中有许多鸣蛇，它的形状像蛇，长着四个翅膀，它的叫声像敲击磬石发出的声音，看见它当地就会发生旱灾。

又西三百里，曰阳山。多石，无草木。阳水出焉，而北流注于伊水。其中多化蛇[①]，其状如人面而豺身，鸟翼而蛇行，其音如叱呼，见则其邑大水。

〔注释〕

①化蛇：古神话中的怪兽。

〔译文〕

鲜山向西三百里的地方，叫作阳山。山上有许多石头，没有草木。阳水从这里发源，向北流注入伊水。水中有许多化蛇，它的形貌是面孔像人，身体像豺狗，长着鸟的翅膀，像蛇一样爬行。它的叫声像人的叱喝声，看见它当地就会遭遇水灾。

又西二百里，曰昆吾之山。其上多赤铜。有兽焉，其状如彘而有角，其音如号[①]，名曰蛮蚳[②]，食之不眯。

〔注释〕

①其音如号：它的叫声像人的哭喊声。郭璞注云："如人号哭。"

②蛮蚳(lóngchí)：亦作"蛮蛭"，或作"蛮侄"，神话中的兽名。

〔译文〕

阳山向西二百里的地方，叫作昆吾山。这座山上多产赤铜。有一种野兽，它的形状像猪，头上长着角，它的叫声像人的哭喊声，它的名字叫蛮蚳，吃了它的肉人就不会做噩梦。

又西百二十里，曰葌山。葌水出焉，而北流注于伊水。其上多金、玉，其下多青、雄黄。有木焉，其状如棠而赤叶，名曰芒草[①]，可以毒鱼。

〔注释〕

①芒草:又名莽草、莽草,形状像石楠而叶稀,有毒。产于我国中部、南部及西南等地。

〔译文〕

昆吾山向西一百二十里的地方,叫作葌山。葌水从这里发源,向北流注入伊水。山上多产金属矿物和玉石,山下多产石青和雄黄。有一种树,它的形状像棠树,长着红色的叶子,名叫芒草,可以用来毒鱼。

又西一百五十里,曰独苏之山。无草木而多水。

〔译文〕

葌山向西一百五十里的地方,叫作独苏山。山上没有草木,有许多水。

又西二百里,曰蔓渠之山。其上多金、玉,其下多竹、箭。伊水出焉,而东流注于洛。有兽焉,其名曰马腹①,其状如人面虎身,其音如婴儿,是食人。

〔注释〕

①马腹:传说中的兽名。

〔译文〕

独苏山向西二百里的地方,叫作蔓渠山。这座山上多产金属矿物和玉石，山下有许多竹子。伊水从这里发源，向东流注入洛水。有一种野兽，它的名字叫马腹，它的形貌是面孔像人，长着老虎的身体，它的叫声像婴儿的啼哭声，这种野兽会吃人。

凡济山之首，自辉诸之山至于蔓渠之山，凡九山，一千六百七十里。其神皆人面而鸟身。祠用毛，用一吉玉，投而不糈。

〔译文〕

《中山经》的济山山系，从辉诸山到蔓渠山，一共九座山，一千六百七十里。这些山神都长着人的脸、鸟的身体。祭祀它们用毛物，还用一块吉玉投掷到山里，祭祀的米不用精米。

《中次三经》萯(bèi)山之首，曰敖岸之山。其阳多㻬琈之玉，其阴多赭、黄金。神熏池①居之。是常出美玉。北望河林②，其状如蒨如举③。有兽焉，其状如白鹿而四角，名曰夫诸④，见则其邑大水。

〔注释〕

①熏池：传说中的神名。

②河林：地名。《五藏山经》卷五："河林在河内，今清化镇。"

③如蒨(qiàn)如举：如同蒨树和榉(jǔ)柳。郭璞注云："说者云，蒨、举皆木名也，未详。蒨音倩。"

④夫诸：传说中的兽名。

〔译文〕

《中山经》第三列山系萯山一组，第一座山叫作敖岸山。山的南面多产瑾琈玉，北面多产赭石和黄金。天神熏池居住在这里，这里常出产美玉。这座山的北面可以望见河林，河林的形状远看像蒨树和榉柳。山上有一种野兽，它的形状像白鹿，长着四只角，名叫夫诸，看见它当地就会发生水灾。

又东十里，曰青要之山。实惟帝之密都①。北望河曲②，是多驾鸟③。南望墠渚④，禹父⑤之所化，是多仆累、蒲卢⑥。䰠武罗⑦司之，其状人面而豹文，小要⑧而白齿，而穿耳以鐻⑨，其鸣如鸣玉。是山也，宜女子。畛（zhěn）水出焉，而北流注于河。其中有鸟焉，名曰䴅⑩，其状如凫，青身而朱目赤尾，食之宜子。有草焉，其状如葌，而方茎黄华赤实，其本如藁本⑪，名曰荀草⑫，服之美人色。

〔注释〕

①密都：隐秘幽深的都邑。郭璞注云："天帝密曲之邑。"

②河曲：河流迂曲的地方。

③驾（jiā）鸟：鸟名。郭璞注云："未详也。或云驾宜为駕（jiā），駕，鹅也，音加。"

④墠（shàn）渚：水中小洲名。郭璞注云："水中小洲名渚。"

⑤禹父：禹的父亲鲧。

⑥仆累、蒲卢：即蜗牛。郭璞注云："仆累，蜗牛也。"郝懿行《笺疏》云："蒲卢为蜃蛤之属。仆累、蒲卢，同类之物，并生于水泽下湿之地。"

⑦䰠（shén）武罗：即天神武罗。䰠，即"神"字。郭璞注云："武罗，神名。䰠，即神字。"

⑧小要：小腰身。要，即"腰"。

⑨镰(qú):古代少数民族用金银制的大耳环。郭璞注云:“镰,金银器之名,未详也。”

⑩鴢(yāo):一种鸟,即“鱼鸡”。

⑪藁(gǎo)本:香草名,多年生草本,叶呈羽状,夏开白花,果实有锐棱,根紫色,可入药。袁珂案:“藁本,药草名,与蘼芜、白芷为类,亦香草也。”

⑫荀草:传说中的香草。郭璞注云:“或曰苞草。”

〔译文〕

敖岸山向东十里的地方,叫作青要山。这里是天帝隐秘幽深的都邑。向北可以望见河流迂曲的地方,这个地方有许多驾鸟。向南可以望见墠渚,那是禹的父亲鲧变化而成,墠渚里面有许多蜗牛。天神武罗掌管着这里,他的样貌是人的脸,身上有豹子的斑纹,腰身细小,牙齿洁白,耳朵上戴着耳环,他的叫声像玉石碰撞发出的声音。这座山很适合女子居住。畛水从青要山上发源,向北流注入黄河。水中有一种鸟,名叫鴢,它的形状像野鸭,青色的身体,红色的眼睛,红色的尾巴,吃了它的肉可以多生孩子。山上有一种草,它的形状像葌草,茎干是方形的,开黄色的花,结红色的果实,它的根像藁本,名叫荀草,服用它可以让人容貌美丽。

又东十里,曰騩(wēi)山。其上有美枣,其阴有㻬琈之玉。正回之水出焉,而北流注于河。其中多飞鱼,其状如豚而赤文,服之不畏雷,可以御兵。

〔译文〕

青要山向东十里的地方,叫作騩山。这座山上有美味的枣,山的北面产瑾琈玉。正回水从这里发源，向北流注入黄河。水中有许多飞鱼，它的形状像小猪，长着红色的斑纹，吃了它的肉就不害怕打雷，还可以防御兵祸。

又东四十里，曰宜苏之山。其上多金、玉，其下多蔓居之木[①]。滽滽之水出焉，而北流注于河，是多黄贝[②]。

〔注释〕

①蔓居之木：牡荆之类的树木。

②黄贝：黄色的贝壳。

〔译文〕

騩山向东四十里的地方，叫作宜苏山。这座山上多产金属矿物和玉石，山下有许多牡荆。滽滽水从这里发源，向北流注入黄河，水中有许多黄色的贝壳。

又东二十里，曰和山。其上无草木而多瑶、碧，实惟河之九都[①]。是山也五曲[②]，九水出焉，合而北流注于河，其中多苍玉。吉神泰逢[③]司之，其状如人而虎尾，是好居于萯山之阳，出入有光。泰逢神动天地气也[④]。

〔注释〕

①河之九都：黄河的九条支流潜聚的地方。郭璞注云："九水所潜，故曰九都。"

②五曲：郭璞注云："曲回五重。"

③吉神泰逢：掌管吉善的神泰逢。吉神，掌吉善之神。郭璞注云：

"吉,犹善也。"泰逢,神名。

④神动天地气也:即神力能够动摇天地之气。

〔译文〕

宜苏山向东二十里的地方,叫作和山。这座山上没有树木,多产瑶、碧等美玉,这里实则是黄河的九条支流潜聚的地方。这座山曲折回环共有五重,九条河流从这里发源,汇合起来向北流注入黄河,水中多产青玉。吉神泰逢掌管这里,他的样貌像人,长着老虎的尾巴。这个天神喜欢居住在萯山的南面,进出有光芒闪耀,那是泰逢的神力触动天地之气所致。

凡萯山之首,自敖岸之山至于和山,凡五山,四百四十里。其祠:泰逢、熏池、武罗皆一牡羊副[①],婴用吉玉。其二神用一雄鸡瘗之,糈用稌。

〔注释〕

①副(pì):割裂,剖分。汪绂云:"副(pì)同,音劈。《周礼》:'以副辜祭四方百物。'言分磔(zhé)牲体以祭也。"

〔译文〕

《中山经》萯山山系,从敖岸山到和山,一共五座山,四百四十里。祭祀他们的礼仪:泰逢、熏池、武罗这三位天神都是用一只解剖了的公羊,环绕祭祀的玉用吉玉。其余两位天神用一只雄鸡,把它埋进地里,祭祀的精米用粳稻。

《中次四经》厘山之首,曰鹿蹄之山。其上多玉,其下多金。甘水出焉，而北流注于洛，其中多泠石①。

〔注释〕

①泠(gàn)石：当为“汵石”，亦作“淦石”，一种像泥一样柔软的石头。郝懿行《笺疏》云：“泠当为汵。《西次四经》：‘号山多汵石’是也。”

〔译文〕

《中山经》第四列山系厘山的第一座山，叫作鹿蹄山。这座山上多产玉石，山下多产金属矿物。甘水从这里发源，向北流注入洛水，水中有许多汵石。

西五十里，曰扶猪之山。其上多礝石①。有兽焉，其状如貉②而人目，其名曰麐③。虢水出焉，而北流注于洛，其中多瑌(ruǎn)石④。

〔注释〕

①礝(ruǎn)石：次于玉的美石。郝懿行《笺疏》云：“礝当为碝(ruǎn)。”《说文》云：“碝，石次玉者。”

②貉(hé)：外形像狐的一种野兽，常穴居河谷、山边和田野间。

③麐(yín)：传说中的怪兽。

④瑌(ruǎn)石：即碝石。

〔译文〕

鹿蹄山向西五十里的地方，叫作扶猪山。这座山多产碝石。有一种野兽，它的形状像貉，长着人的眼睛，它的名字叫麐。虢水从这里发源，向北流注入洛水，水中多产碝石。

又西一百二十里，曰厘山。其阳多玉，其阴多蒐[1]。有兽焉，其状如牛，苍身[2]，其音如婴儿，是食人，其名曰犀渠[3]。滽滽之水出焉，而南流注于伊水。有兽焉，名曰獭[4]，其状如獳犬[5]而有鳞，其毛如彘鬣。

〔注释〕

①蒐(soū)：即“蒨草”。郭璞注云：“音搜，茅蒐，今之蒨草也。”

②苍身：苍青色的身体。

③犀渠：古代传说中的兽名。郝懿行《笺疏》云：“犀渠，盖犀牛之属也。”

④獭(xié)：袁珂案：“《文选·江赋》李善注引此经獭作獭。”

⑤獳(rú)犬：古代传说中的一种像狐狸而长有鱼鳍的野兽。

〔译文〕

扶猪山向西一百二十里的地方，叫作厘山。山的南面多产玉石，山的北面生长着许多蒨草。山上有一种野兽，它的形状像牛，苍青色的身体，叫声像婴儿的啼哭声，此兽吃人，它的名字叫犀渠。滽滽水从这里发源，向南流注入伊水。有一种野兽，它的名字叫獭，它的形状像獳犬，身上长满鳞片，毛像猪的鬃毛。

又西二百里，曰箕尾之山。多榖，多涂石[1]，其上多㻬琈之玉。

〔注释〕

①涂石：即泠石。郭璞注云：“泠或作涂。”

〔译文〕

厘山向西二百里的地方，叫作箕尾山。那里生长着许多构树，又有许多汵石，山上多产瑻琈玉。

又西二百五十里，曰柄山。其上多玉，其下多铜。滔雕之水出焉，而北流注于洛。其中多羬羊。有木焉，其状如樗，其叶如桐而荚实，其名曰茇[①]，可以毒鱼。

〔注释〕

①茇(bá)：即杬树。杬，古同“芫”。《尔雅》云：“杬，鱼毒。”芫、茇应为字形相近之讹。

〔译文〕

箕尾山向西二百五十里的地方，叫作柄山。这座山上多产玉石，山下多产铜。滔雕水从这里发源，向北流注入洛水，山中有许多羬羊。有一种树木，它的形状像樗树，叶子像梧桐叶，结的果实是荚果，它的名字叫茇，可以用来毒鱼。

又西二百里，曰白边之山。其上多金、玉，其下多青、雄黄。

〔译文〕

柄山向西二百里的地方，叫作白边山。这座山上多产金属矿物和玉石，山下多产石青和雄黄。

又西二百里，曰熊耳之山。其上多漆，其下多棕。浮濠之水出焉，而西流注于洛。其中多水玉，多人鱼。有草焉，其状如苏[1]而赤华，名曰葶苧（tíngníng），可以毒鱼。

〔注释〕

①苏：草名，紫苏或白苏。

〔译文〕

白边山向西二百里的地方，叫作熊耳山。这座山上生长着许多漆树，山下生长着许多棕树。浮濠水从这里发源，向西流注入洛水。水中有许多水玉和娃娃鱼。山上有一种草，它的形状像苏草，开红色的花，名叫葶苧，可以用它来毒鱼。

又西三百里，曰牡山。其上多文石，其下多竹箭、竹䉋。其兽多㸲牛、羬羊，鸟多赤鷩[1]。

〔注释〕

①赤鷩（bì）：山鸡的一种。郭璞注云："即鷩雉也。"

〔译文〕

熊耳山向西三百里的地方，叫作牡山。这座山上多产带花纹的石头，山下有许多竹箭、竹䉋。山上的野兽多是㸲牛、羬羊，鸟类多是山鸡。

又西三百五十里，曰讙（huān）举之山。雒水出焉，而东北流注于玄扈之水，其中多马肠之物①。此二山者，洛间也②。

〔注释〕

①马肠之物：即马腹，传说中的兽名。郝懿行《笺疏》云："上文蔓渠山马腹，一本作马肠，盖此是也。《大荒西经》女娲之肠，或作女娲之腹。亦其例。"

②"此二山者"两句：是说洛水在讙举山和玄扈山之间。袁珂案："谓讙举、玄扈二山夹洛水间也。《水经注·洛水》云：'玄扈之水，出于玄扈之山。'盖山水兼受其目矣。"

〔译文〕

牡山向西三百五十里的地方，叫作讙举山。雒水从这里发源，向东北方向流注入玄扈水，山上有许多马腹一类的野兽。洛水在讙举山和玄扈山之间。

凡厘山之首，自鹿蹄之山至于玄扈之山，凡九山，千六百七十里。其神状皆人面兽身。其祠之，毛用一白鸡，祈而不糈①，以采衣之②。

〔注释〕

①祈而不糈：只祈祷而不用精米。祈，郭璞注云："直言祈祷。"

②以采衣之：郭璞注云："以采饰鸡。"

〔译文〕

《中山经》厘山山系，从鹿蹄山到玄扈山，一共九座山，一千六百七十里。这些山神的样貌都是人的脸、野兽的身体。祭祀它们的礼仪,毛物用一只白鸡,只祈祷而不用精米,祭祀的鸡都要用彩帛装饰起来。

《中次五经》薄山之首,曰苟林之山。无草木,多怪石。

〔译文〕

《中山经》第五列山系薄山的第一座山,叫作苟林山。这座山没有草木,山上有许多怪石。

东三百里,曰首山。其阴多榖、柞,其草多茉①、芫②,其阳多㻬琈之玉,木多槐。其阴有谷,曰机谷,多䲦鸟③,其状如枭而三目,有耳,其音如录④,食之已垫⑤。

〔注释〕

①茉(zhú):苍术和白术。汪绂注云:"茉,山蓟也,有苍术、白术二种。"

②芫(yán):一年生或两年生草本植物,叶、茎可用来调味,果实可入药。汪绂注云:"芫,芫华也,皆入药用。"

③䲦(dài)鸟:传说中的一种怪鸟。

④其音如录:它的叫声像鹿鸣。录,郝懿行《笺疏》云:"录,盖鹿字假音;《玉篇》作音如豕。"

⑤垫:湿气病。汪绂注云:"垫,下湿病。"

〔译文〕

苟林山向东三百里的地方,叫作首山。它的北面有许多构树、柞树，山上的草类多是苍术、白术和芫华，山的南面多产璚琈玉，树木多是槐树。山的北面有一个山谷，叫作机谷，谷中有许多𫛳鸟，它的形状像猫头鹰，长着三只眼睛，有耳朵，它的叫声像鹿鸣声，吃了它的肉可以治疗湿气病。

又东三百里，曰县㔉(zhú)之山。无草木，多文石。

〔译文〕

首山向东三百里的地方，叫作县㔉山。这座山上没有草木，多产带花纹的石头。

又东三百里，曰葱聋之山。无草木，多摩石[①]。

〔注释〕

①摩(bàng)石：玤石。毕沅《新校正》云："摩当为玤。《说文》云：'石之次玉者。'"

〔译文〕

县㔉山向东三百里的地方，叫作葱聋山。这座山上没有草木，多产摩石。

东北五百里，曰条谷之山。其木多槐、桐，其草多芍药、虋冬[①]。

〔注释〕

①虋(mén)冬：即门冬。袁珂案："虋当为虋，音门，俗亦作门。门冬

有二种，一麦门冬，一天门冬。”

〔译文〕

葱聋山东北五百里的地方，叫作条谷山。山上的树木多为槐树和梧桐树，草类多是芍药和门冬。

又北十里，曰超山。其阴多苍玉，其阳有井，冬有水而夏竭。

〔译文〕

条谷山向北十里的地方，叫作超山。这座山的北面多产深青色的玉石，山的南面有一眼水泉，冬天有水，夏天枯竭。

又东五百里，曰成侯之山。其上多櫄木[①]，其草多芃[②]。

〔注释〕

①櫄木：即椿树。郭璞注云：“似樗树，材中车辕。”

②芃（péng）：即秦艽（jiāo），一种草药。郝懿行《笺疏》云：“芃，《说文》训草盛，非草名也。疑芃字当为艽字之讹，艽音交，即药草秦艽也，见《本草》。”

〔译文〕

超山向东五百里的地方，叫作成侯山。这座山上生长着许多椿树，山上的草类多是秦艽。

又东五百里，曰朝歌之山。谷多美垩。

〔译文〕

成侯山向东五百里的地方，叫作朝歌山。山谷中多产优质的垩土。

又东五百里，曰槐山。谷多金、锡。

〔译文〕

朝歌山向东五百里的地方，叫作槐山。山谷中多产金属矿物和锡。

又东十里，曰历山。其木多槐，其阳多玉。

〔译文〕

槐山向东十里的地方，叫作历山。这座山上的树木多是槐树，山的南面多产玉石。

又东十里，曰尸山。多苍玉，其兽多麖①。尸水出焉，南流注于洛水，其中多美玉。

〔注释〕

①麖（jīng）：马鹿，体型高大，栗棕色，耳大而直立，四脚细长，性机警，善奔跑，尾毛色棕黑蓬松。雄的有角，为名贵药材。《尔雅》云："麖，大鹿也。"

〔译文〕

历山向东十里的地方，叫作尸山。这座山上多产深青色的玉石，野兽多是马鹿。尸水从这里发源，向南流注入洛水，水中多产精美的玉石。

又东十里，曰良余之山。其上多穀、柞，无石。余水出于其阴，而北流注于河；乳水出于其阳，而东南流注于洛。

〔译文〕

尸山向东十里的地方，叫作良余山。这座山上生长着许多穀树、柞树，没有石头。余水发源于这座山的北面，向北流注入黄河；乳水发源于这座山的南面，向东南方向流注入洛水。

又东南十里，曰蛊尾之山。多砺石、赤铜。龙余之水出焉，而东南流注于洛。

〔译文〕

良余山东南方向十里的地方，叫作蛊尾山。这座山上多产砺石、赤铜。龙余水从这里发源，向东南方向流注入洛水。

又东北二十里，曰升山。其木多穀、柞、棘，其草多藷藇、蕙，多寇脱①。黄酸之水出焉，而北流注于河，其中多璇玉②。

〔注释〕

①寇脱：郭璞注云："寇脱草生南方，高丈许，似荷叶而茎中有瓤，正白，零、桂人植而日灌之以为树也。"

②璇(xuán)玉：美玉，一说次于玉的美石。郭璞注云："石次玉者也。孙卿曰：'璇玉瑶珠不知佩。'"

〔译文〕

蛊尾山东北方向二十里的地方，叫作升山。山上的树木多是榖树、柞树和酸枣树，草类多是山药和兰草，还生长着许多寇脱。黄酸水从这里发源，向北流注入黄河，水中多产璇玉。

又东二十里，曰阳虚之山。多金，临于玄扈之水。

〔译文〕

升山向东二十里的地方，叫作阳虚山。山上多产金属矿物，这座山紧靠着玄扈水。

凡薄山之首，自苟林之山至于阳虚之山，凡十六山，二千九百八十二里。升山，冢也，其祠礼：太牢，婴用吉玉。首山，䰠也，其祠用稌、黑牺[1]太牢之具、蘖酿[2]，干儛[3]，置鼓[4]；婴用一璧。尸水，合天[5]也，肥牲祠之；用一黑犬于上，用一雌鸡于下，刉[6]一牝羊[7]，献血。婴用吉玉，采[8]之，飨之。

〔注释〕

①黑牺：黑色的牲畜。牺，古代做祭品用的纯色牲畜。

②蘖(niè)酿：用蘖酿成的酒。蘖，生芽的米。

③干儛：又作"干舞"，古代的一种武舞，舞者执干。郭璞注云："干儛，万儛。干，楯也。"

④置鼓：一边跳舞，一边击鼓。郭璞注云："击之以舞。"

⑤合天：上合于天，即通往天上。袁珂案："意谓尸水上合于天，为天神之所凭。"

⑥刉(jī)：割开，刺。郭璞注云："刉，犹刲也。"《说文》云："刉，划伤也，一曰断也。"

⑦牝羊：母羊。

⑧采：彩饰。郭璞注云："又加之缯采之饰也。"

〔译文〕

中山经薄山山系，从苟林山到阳虚山，一共十六座山，二千九百八十二里。升山，是众山之长，祭祀这座山山神的礼仪：用猪、牛、羊三牲齐备的太牢，环绕陈祭的玉用吉玉。首山，是一座神山，祭祀这座山的山神用粳稻，纯黑的牲畜，猪、牛、羊三牲齐备的太牢，蘖酿成的酒，还要一边跳舞一边击鼓来祭神；用璧环绕陈祭。尸水可以通往天上，要用肥壮的牲畜来祭祀。用一只黑狗在上，一只雌鸡在下，杀一只母羊取血献祭。环绕陈祭的玉用吉玉。要用彩饰装点祭品，献给山神享用。

《中次六经》缟羝(gǎodī)山之首，曰平逢之山。南望伊、洛[①]，东望谷城之山[②]。无草木，无水，多沙、石。有神焉，其状如人而二首，名曰骄虫，是为螫虫[③]，实惟蜂蜜之庐[④]。其祠之：用一雄鸡，禳而勿杀[⑤]。

〔注释〕

①伊、洛：亦作"伊雒"，伊水与洛水。

②谷城之山：古山名。袁珂案："谷城山在今山东东阿东北，一名黄山。"

③是为螫（shì）虫：这是所有螫虫的首领。郭璞注云："为螫虫之长。"螫虫，尾部有毒针可刺人的虫。

④蜂蜜之庐：蜜蜂的巢穴。郭璞注云："言群蜂之所舍集。"

⑤禳（ráng）而勿杀：祈祷消除灾殃，祈祷后放生。

〔译文〕

《中山经》第六列山系缟羝山的第一座山，叫作平逢山。这座山向南可以望见伊水和洛水，向东可以望见谷城山。那里没有草木，没有水，有许多沙子和石头。山上有山神，样子像人，长着两个脑袋，名叫骄虫，是所有螫虫的首领，这里实是蜜蜂栖息的巢穴。祭祀它的礼仪，用一只雄鸡祈祷消除灾殃，祈祷后放生。

西十里，曰缟羝之山。无草木，多金、玉。

〔译文〕

平逢山向西十里的地方，叫作缟羝山，这座山上没有草木，多产金属矿物和玉石。

又西十里，曰廆（guī）山。其阴多㻬琈之玉。其西有谷焉，名曰雚（guàn）谷，其木多柳、楮。其中有鸟焉，状如山鸡而长尾，赤如丹火而青喙，名曰鸰鹦[①]，其鸣自呼，服之不眯。交觞之水出于其阳，而南流注于洛；俞随之水出于其阴，而北流注于谷水。

〔注释〕

①鸰鹦(língyāo):传说中的一种野鸡。

〔译文〕

缟羝山向西十里的地方,叫作廆山。山的北面多产瑻琈玉。山的西边有一条山谷,名叫雚谷,谷中的树木多是柳树和楮树。山上有一种鸟,它的形状像山鸡,尾巴很长,羽毛红得像赤色的火焰,长着青色的鸟嘴,名叫鸰鹦,它的叫声像呼唤自己的名字,吃了它的肉人就不会做噩梦。交觞水发源于廆山的南面,向南流注入洛水;俞随水发源于廆山的北面,向北流注入谷水。

又西三十里,曰瞻诸之山。其阳多金,其阴多文石。谢(xiè)水出焉,而东南流注于洛;少水出其阴,而东流注于谷水。

〔译文〕

廆山向西三十里的地方,叫作瞻诸山。这座山的南面多产金属矿物,山的北面多产带花纹的石头。谢水从这里发源,向东南方向流注入洛水;少水发源于瞻诸山的北面,向东流注入谷水。

又西三十里,曰娄涿之山。无草木,多金、玉。瞻水出于其阳,而东流注于洛;陂(bēi)水出于其阴,而北流注于谷水,其中多茈石、文石。

〔译文〕

瞻诸山向西三十里的地方,叫作娄涿山。这座山上没有草木，多产金属矿物和玉石。瞻水发源于山的南面，向东流注入洛水；陂水发源于山的北面，向北流注入谷水，水中多产茈石、文石。

又西四十里，曰白石之山。惠水出于其阳，而南流注于洛，其中多水玉。涧水出于其阴，西北流注于谷水，其中多麋石①、栌丹②。

〔注释〕

①麋石：郝懿行《笺疏》云："麋石或是画眉石，眉、麋古字通也。"

②栌丹：郝懿行《笺疏》云："栌丹疑即黑丹，栌、卢通也。"

〔译文〕

娄涿山向西四十里的地方，叫作白石山。惠水发源于山的南面，向南流注入洛水，水中多产水晶。涧水发源于山的北面，向西北方向流注入谷水，水中多产麋石、栌丹。

又西五十里，曰榖山。其上多榖，其下多桑。爽水出焉，而西北流注于谷水，其中多碧绿①。

〔注释〕

①碧绿：袁珂案："碧绿疑即石绿，石绿一名绿青，即孔雀石，颜色美丽，用制饰品及绿色绘料，我国湖北、湖南、四川等省均产之。"

〔译文〕

白石山向西五十里的地方，叫作榖山。这座山上有许多榖树，山下有许多桑树。爽水从这里发源，向西北方向流注入谷水，水中多产孔雀石。

又西七十二里，曰密山。其阳多玉，其阴多铁。豪水出焉，而南流注于洛。其中多旋龟，其状鸟首而鳖尾，其音如判木。无草木。

〔译文〕

縠山向西七十二里的地方，叫作密山。这座山的南面多产玉石，北面多产铁。豪水从这里发源，向南流注入洛水。水中有许多旋龟，它的形状是鸟的脑袋、甲鱼的尾巴，它的叫声像劈木头的声音。山上没有草木。

又西百里，曰长石之山。无草木，多金、玉。其西有谷焉，名曰共谷，多竹。共水出焉，西南流注于洛，其中多鸣石①。

〔注释〕

①鸣石：撞击后能传声很远的石头，可做砧石、磬石。郭璞注："晋永康元年，襄阳郡上鸣石，似玉，色青，撞之声闻七八里，即此类也。"

〔译文〕

密山向西一百里的地方，叫作长石山。这座山没有草木，多产金属矿物和玉石。山的西边有一条山谷，名叫共谷，山谷中生长着许多竹子。共水从这里发源，向西南方向流注入洛水，水中多产鸣石。

又西一百四十里，曰傅山。无草木，多瑶、碧。厌染之水出于其阳，而南流注于洛，其中多人鱼。其西有林焉，名曰墦(fán)冢。榖水出焉，而东流注于洛，其中多珚玉①。

〔注释〕

①珚(yān)玉：一种玉石。袁珂案：“珚玉当为瑂(jùn)玉。”

〔译文〕

长石山向西一百四十里的地方，叫作傅山。这座山上没有草木，多产瑶、碧一类的美玉。厌染水发源于这座山的南面，向南流注入洛水，水中有许多娃娃鱼。山的西边有一片树林，名叫墦冢。榖水从傅山上流出，向东流注入洛水，水中多产珚玉。

又西五十里，曰橐山。其木多樗，多𥴊木①，其阳多金、玉，其阴多铁，多萧②。橐水出焉，而北流注于河。其中多修辟之鱼③，状如黾④而白喙，其音如鸱，食之已白癣。

〔注释〕

①𥴊(bèi)木：即𥴊树，果实可入药，俗称五倍子。袁珂案：“经文𥴊木，王念孙云：‘木字疑衍。’𥴊，即药中所谓五𥴊子，俗又讹为五倍子者。”

②萧：蒿草。

③修辟之鱼：鱼名，即修辟鱼。

④黾(měng)：古书上说的一种蛙。郭璞注云：“黾，蛙属也。”

〔译文〕

傅山向西五十里的地方，叫作橐山。山上的树木多是樗树，也有很多樠树，山的南面多产金属矿物和玉石，北面多产铁，山上生长着许多蒿草。橐水从这里发源，向北流注入黄河。水中有许多修辟鱼，它的形状像青蛙，长着白色的鸟嘴，它的叫声像猫头鹰鸣叫的声音，吃了它的肉可以治疗白癣病。

又西九十里，曰常烝(zhēng)之山。无草木，多垩。潐(qiáo)水出焉，而东北流注于河，其中多苍玉。菑水出焉，而北流注于河。

〔译文〕

橐山向西九十里的地方，叫作常烝山。这座山上没有草木，多产垩土。潐水从这里发源，向东北方向流注入黄河，水中多产深青色的玉石。菑水从这里发源，向北流注入黄河。

又西九十里，曰夸父之山[①]。其木多棕、楠，多竹、箭。其兽多㸲牛、羬羊，其鸟多鷩。其阳多玉，其阴多铁。其北有林焉，名曰桃林[②]，是广员三百里，其中多马。湖水出焉，而北流注于河，其中多珚玉。

〔注释〕

①夸父之山：山名。郝懿行《笺疏》云："山一名秦山，与太华相连，在今河南灵宝县东南。"

②桃林：古地名，在今河南灵宝以西、陕西潼关以东地区，为周武王放

牛处。郭璞注云："桃林，今弘农湖县阌(wén)乡南谷中是也，饶野马、山牛、山羊也。"

〔译文〕

常烝山向西九十里的地方，叫作夸父山。山上的树木多是棕树、楠树，有许多片小竹林。山上的野兽多是牪牛、羬羊，鸟类多是赤鷩。山的南面多产玉石，北面多产铁。山的北面有一片树林，名叫桃林，这片树林方圆三百里，林中有许多野马。湖水从这里发源，向北流注入黄河，水中多产珚玉。

又西九十里，曰阳华之山①。其阳多金、玉，其阴多青、雄黄，其草多藷藇，多苦辛②，其状如楸③，其实如瓜，其味酸甘，食之已疟。杨水出焉，而西南流注于洛，其中多人鱼。门水出焉，而东北流注于河，其中多玄䃘④。缙(jí)姑之水出于其阴，而东流注于门水，其上多铜。门水出于河，七百九十里入雒水。

〔注释〕

①阳华之山：山名，在陕西华阴东南。
②苦辛：草名，一名作"苦莘(xīn)"。
③楸(qiū)：古同"楸"，楸树。郭璞注云："即楸字也。"
④玄䃘(sù)：黑色的磨刀石。郭璞注云："黑砥石生水中。"

〔译文〕

夸父山向西九十里的地方，叫作阳华山。这座山的南面多产金属矿物和玉石，北面多产石青和雄黄。山上的草类多是山药，还有很多苦莘，它的形状像楸树，果实像瓜，味道酸中带甜，吃了它可以治疗疟疾。杨水从这里发源，向西南方向流注入洛水，水中有许多娃娃鱼。门水从这里发源，向东北方向流注入黄河，水中多产黑色的磨刀石。绪姑水发源于阳华山的北面，向东流注入门水，它的上游多产铜。门水从黄河流出，流经七百九十里之后注入洛水。

凡缟羝山之首，自平逄之山至于阳华之山，凡十四山，七百九十里。岳在其中[①]，以六月祭之，如诸岳之祠法，则天下安宁。

〔注释〕

①岳在其中：汪绂注云："此条无中岳，而曰岳在其中，盖以洛阳居天下之中，王者于此以时望祭四岳，以其非岳而祭四岳，故曰岳在其中。此殆东周时之书也。"

〔译文〕

《中山经》缟羝山山系，从平逄山到阳华山，一共十四座山，七百九十里。高大的山岳在这当中，每年的六月年中之时祭祀这些山神。用祭祀其他山岳山神一样的礼仪，天下就会安宁。

《中次七经》苦山之首，曰休与之山。其上有石焉，名曰帝台[①]之棋，五色而文，其状如鹑卵，帝台之石，所以祷百神者也，服之不蛊。有草焉，其状如蓍[②]，赤叶而本丛生[③]，名曰夙条，可以为簳[④]。

〔注释〕

①帝台:天神名。郭璞注云:“帝台,神人名。”

②蓍(shī):蓍草,多年生草本植物,全草可入药,茎、叶可制香料,古代用其茎占卜。

③本丛生:根部联结丛生在一起。

④䈎(gǎn):小竹,可做箭竿。袁珂案:“䈎音干,箭竿也。”

〔译文〕

《中山经》第七列山系苦山的第一座山,叫作休与山。这座山上有一种小石头,名叫帝台之棋,有五种颜色,石上还有纹理,形状像鹌鹑蛋,这种小石头可以用来祭祀各种神灵,服用它就不会受到邪气的侵害。山上有一种草,它的形状像蓍草,长着红色的叶子,根部联结丛生在一起,名叫夙条,可以用来制箭竿。

东三百里,曰鼓钟之山①。帝台之所以觞②百神也。有草焉,方茎而黄华,员叶而三成③,其名曰焉酸④,可以为毒。其上多砺,其下多砥。

〔注释〕

①鼓钟之山:山名。郭璞注云:“举觞燕会,则于此山,因名为鼓钟也。”

②觞:欢饮,进酒,这里指宴会、宴请。

③员叶而三成:圆形的叶子,叶片有三层。三成,即三重、三层。郭璞注云:“叶三重也。”

④焉酸:草名。郝懿行《笺疏》云:“焉酸,一本作‘乌酸’。”

〔译文〕

休与山向东三百里的地方，叫作鼓钟山。帝台是用来宴请诸位天神的地方。这座山上有一种草，茎是方形的，开黄色的花朵，圆形的叶子，叶片有三层，它的名字叫焉酸，可以祛毒。山上多产砺石，山下多产砥石。

又东二百里，曰姑媱(yáo)之山。帝女[①]死焉，其名曰女尸，化为䔄草[②]。其叶胥成[③]，其华黄，其实如菟丘[④]，服之媚于人[⑤]。

〔注释〕

①帝女：天帝的女儿。

②䔄(yáo)草：古代传说中的一种异草。

③胥成：重叠而生，对生。郭璞注云："言叶相重也。"

④菟丘：即菟丝，草名，俗称菟丝子。蔓生，茎细长，缠绕于其他植物上，花淡红色，子可入药。郭璞注云："菟丘，菟丝也。"

⑤服之媚于人：郭璞注云："为人所爱也。一名荒夫草。"

〔译文〕

鼓钟山向东二百里的地方，叫作姑媱山。天帝的女儿死在这里，她的名字叫女尸，死后变成了䔄草。它的叶子重叠而生，花朵是黄色的，果实像菟丝子，服用它可以受人宠爱。

又东二十里，曰苦山。有兽焉，名曰山膏[①]。其状如逐[②]，赤若丹火，善詈[③]。其上有木焉，名曰黄棘[④]，黄华而员叶，其实如兰，服之不字[5]。有草焉，员叶而无茎，赤华而不实，名曰无条，服之不瘿。

〔注释〕

①山膏：传说中的山中怪兽。

②逐：郭璞注云："即豚字。"

③善詈(lì)：喜欢骂人。

④黄棘：树名。郭璞《山海经图赞·山膏黄棘》："黄棘是食，匪子匪化。虽无贞操，理同不嫁。"

⑤不字：不生育。字，生育。郭璞注云："字，生也。《易》曰：'女子贞不字。'"

〔译文〕

姑媱山向东二十里的地方，叫作苦山。山上有一种野兽，名叫山膏。它的形状像小猪，全身红得像一团火，喜欢骂人。山顶上生长着一种树，名叫黄棘，开黄色的花，叶子是圆形的，它的果实像兰草的果实，服食它人就不会生育。有一种草，圆形的叶子没有茎干，开红色的花不结果实，名叫无条，服食它就不会得大脖子病。

又东二十七里，曰堵山。神天愚居之，是多怪风雨。其上有木焉，名曰天楄[1]，方茎而葵状，服者不哽[2]。

〔注释〕

①天楄(biān)：古书上说的一种神树。

②不哽(yē)：不噎食。哽，古同"噎"。

〔译文〕

苦山向东二十七里的地方，叫作堵山。天神天愚居住在这里，这座山上常常刮怪风，下怪雨。山上有一种树，名叫天楄，茎干是方形的，形状像葵，吃了它人就不会噎食。

又东五十二里，曰放皋之山。明水出焉，南流注于伊水，其中多苍玉。有木焉，其叶如槐，黄华而不实，其名曰蒙木，服之不惑。有兽焉，其状如蜂，枝尾而反舌①，善呼，其名曰文文②。

〔注释〕

①枝尾而反舌：分叉的尾巴，倒着生长的舌头。

②文文：古代传说中的兽名。

〔译文〕

堵山向东五十二里的地方，叫作放皋山。明水从这里发源，向南流注入伊水，水中多产苍玉。山上有一种树木，它的叶子像槐树的叶子，开黄色的花，不结果实，它的名字叫蒙木，服用它可以使人不受迷惑。有一种野兽，它的形状像蜜蜂，尾部分叉，舌头倒长，喜欢呼喊，它的名字叫文文。

又东五十七里，曰大苦之山。多㻬琈之玉，多麋玉①。有草焉，其状叶如榆，方茎而苍伤②，其名曰牛伤③，其根苍文④，服者不厥⑤，可以御兵。其阳狂水出焉，西南流注于伊水。其中多三足龟，食者无大疾，可以已肿。

〔注释〕

①麋玉：郝懿行《笺疏》云："麋，疑瑂之假借字也。《说文》云：'瑂，石之似玉者。'"

②苍伤：青色的刺。袁珂案："苍伤，苍刺也。《方言》卷三郭璞注云：'《山海经》谓刺为伤也。'即指此。"

③牛伤：牛棘。郭璞注云："犹言牛棘。"

④苍文：青色的斑纹。

⑤不厥：不会气厥昏倒。厥，气闭，昏倒。

〔译文〕

放皋山向东五十七里的地方，叫作大苦山。山上多产㻬琈玉，也多产麋玉。有一种草，草叶的形状像榆树的叶子，方形的茎干，长着青色的刺，它的名字叫牛棘，它的根有青色的斑纹，吃了它人就不会气厥昏倒，也可以用它来防御兵祸。狂水从山的南面发源，向西南方向流注入伊水。水中有许多三足龟，吃了它的肉人就不会生大病，还可以治疗痈肿。

又东七十里，曰半石之山[①]。其上有草焉，生而秀，其高丈余，赤叶赤华，华而不实，其名曰嘉荣，服之者不霆。来需之水出于其阳，而西流入伊水，其中多鲶鱼[②]，黑文，其状如鲋，食者不睡[③]。合水出于其阴，而北流注于洛。多螣鱼[④]，状如鳜[⑤]，居逵[⑥]，苍文赤尾，食者不痈，可以为瘘[⑦]。

〔注释〕

①半石之山：山名，在今河南偃师东南。

②鲶（lún）鱼：古代传说中的一种鱼，像鲫鱼，身上有黑色斑纹。

③食者不睡：吃了它的肉，人可以不用睡觉。

④螣（téng）鱼：古代传说中的一种鱼。

⑤鳜：鱼名。郭璞注云："鳜鱼，大口大目细鳞，有斑彩。"

⑥居逵：居住在水中有洞穴出入的地方。居，居住。逵，郭璞注云："水中之穴道交通者。"

⑦瘘（lòu）：中医指颈部生疮，久而不愈的一种疾病。郭璞注云："瘘，痈属也，中多有虫。《淮南子》曰：'鸡头已瘘。'"

〔译文〕

大苦山向东七十里的地方，叫作半石山。山上有一种草，刚一生长就吐穗开花，有一丈多高，红色的叶子红色的花朵，只开花却不结果实，它的名字叫嘉荣，服用它就不会害怕雷劈。来需水发源于这座山的南面，向西流注入伊水，水中有许多鲶鱼，身上有黑色的花纹，它的形状像鲫鱼，吃了它的肉，人可以不用睡觉。合水发源于这座山的北面，向北流注入洛水，水中有许多螣鱼，它的形状像鳜鱼，居住在水中有洞穴出入的地方，身上有青色的花纹，红色的尾巴，吃了它的肉人就不会得痈疮，还可以治疗瘘病。

又东五十里，曰少室之山。百草木成囷[①]。其上有木焉，其名曰帝休，叶状如杨，其枝五衢[②]，黄华黑实，服者不怒。其上多玉，其下多铁。休水出焉，而北流注于洛。其中多鯑鱼，状如盩蜼[③]而长距，足白而对[④]。食者无蛊疾[5]，可以御兵。

〔注释〕

①百草木成囷(qūn)：各种各样的草木囤聚在一起像谷仓一样。囷，古代一种圆形谷仓。郝懿行《笺疏》云："言草木屯聚如仓囷之形也。"

②五衢(qú)：枝干交错纵横，到处延伸。郭璞注云："言树枝交错，相重五出，有象衢路也。"

③鮆蜼(zhōuwèi)：猕猴一类。郝懿行《笺疏》云："鮆当为鳌。《广雅》云：'狖(yòu)，蜼也。'狖、鳌声相近。郭注《尔雅》云：'蜼似猕猴。'"

④足白而对：脚是白色的，脚趾相对而生。对，郝懿行《笺疏》云："对，盖谓足趾相向也。"

⑤蛊疾：神智惑乱的疾病。

〔译文〕

半石山向东五十里的地方，叫作少室山。山上各种各样的草木囤聚的像谷仓一样。有一种树，名字叫作帝休，叶子的形状像杨树的树叶，它的枝干交错纵横，到处延伸，开黄色的花，结黑色的果实，吃了它人就不会发怒。山上多产玉，山下多产铁。休水从这里发源，向北流注入洛水。水中有许多鯑鱼，它的形状像猕猴，长着长长的爪子，它的脚是白色的，脚趾相对而生。吃了它的肉人就可以不得神智错乱的疾病，还可以预防兵祸。

又东三十里，曰泰室之山。其上有木焉，叶状如梨而赤理，其名曰栯木[1]，服者不妒。有草焉，其状如茱[2]，白华黑实，泽如蘡薁[3]，其名曰䓘草，服之不昧。上多美石。

〔注释〕

①栯(yù)木:古书上说的一种神树。

②茶(zhú):多年生草本植物,根状茎可入药。郭璞注云:"茶似蓟也。"

③蘡薁(yīngyù):俗称野葡萄、山葡萄、山藟,可酿酒,亦可入药做滋补品。茎的纤维可做绳索。郝懿行《笺疏》云:"盖即今之山葡萄。"

〔译文〕

少室山向东三十里的地方,叫作泰室山。山上有一种树,它的叶子像梨树的叶子,有红色的纹理,它的名字叫栯木,吃了它人就不会忌妒。山上有一种草,它的形状像茶,开白色的花,结黑色的果实,果实表皮润泽就像山葡萄,它的名字叫蓋草,吃了它人就不会做噩梦。泰室山上还有许多美丽的石头。

又北三十里,曰讲山。其上多玉,多柘,多柏。有木焉,名曰帝屋①,叶状如椒②,反伤③赤实,可以御凶。

〔注释〕

①帝屋:神话传说中的树名。

②椒:花椒树,这里指花椒树的叶子。

③反伤:有倒刺。郭璞注云:"反伤,刺下勾也。"

〔译文〕

泰室山向北三十里的地方,叫作讲山。山上多产玉石,有许多柘树和柏树。有一种树,名叫帝屋,它的叶子像花椒树的树叶,叶子上有倒刺,结红色的果实,可以用它抵御凶邪。

又北三十里，曰婴梁之山。上多苍玉，錞于玄石①。

〔注释〕

①錞于玄石：依附在黑色的石头上。

〔译文〕

讲山向北三十里的地方，叫作婴梁山。这座山上多产深青色的玉石，这种玉依附在黑色的石头上。

又东三十里，曰浮戏之山。有木焉，叶状如樗而赤实，名曰亢木①，食之不蛊。汜水出焉，而北流注于河。其东有谷，因名曰蛇谷②。上多少辛③。

〔注释〕

①亢木：传说中的一种神树。
②蛇谷：郭璞注云："言此中出蛇，故以名之。"
③少辛：细辛，一种草名。郭璞注云："细辛也。"

〔译文〕

婴梁山向东三十里的地方，叫作浮戏山。山上有一种树，它的叶子像樗树的树叶，结红色的果实，名叫亢木，吃了它人就不会受邪气侵害。汜水从这里发源，向北流注入黄河。山的东面有一个山谷，由于谷中多蛇，因此叫作蛇谷。山谷之中生长着许多细辛。

又东四十里，曰少陉(xíng)之山。有草焉，名曰茵草[①]，叶状如葵，而赤茎白华，实如蘡薁，食之不愚[②]。器难之水出焉，而北流注于役水。

〔注释〕

①茵(gāng)草：古代传说中的一种异草，赤茎白花，人吃后会变得很聪明。

②不愚：不愚钝。郭璞注云："言益人智。"

〔译文〕

浮戏山向东四十里的地方，叫作少陉山。山上有一种草，名叫茵草，它的叶子像葵叶，茎干是红色的，开白色的花朵，它的果实像山葡萄，吃了它人就会变聪明。器难水从这里发源，向北流注入役水。

又东南十里，曰太山。有草焉，名曰梨，其叶状如荻[①]而赤华，可以已疽。太水出于其阳，而东南流注于役水。承水出于其阴，而东北流注于役。

〔注释〕

①荻：艾蒿。郭璞注云："荻亦蒿也。"

〔译文〕

少陉山向东南十里的地方，叫作太山。山上有一种草，名叫梨，它的叶子像艾蒿，开红色的花，可以治疗痈疽。太水发源于这座山的南面，向东南方向流注入役水。承水发源于这座山的北面，向东北方向流注入役水。

又东二十里，曰末山，上多赤金。末水出焉，北流注于役。

〔译文〕

太山向东二十里的地方，叫作末山，山上多产赤金。末水从这里发源，向北流注入役水。

又东二十五里，曰役山。上多白金，多铁。役水出焉，北注于河。

〔译文〕

末山向东二十五里的地方，叫作役山。山上多产白金，多产铁。役水从这里发源，向北流注入黄河。

又东三十五里，曰敏山。上有木焉，其状如荆，白华而赤实，名曰蓟柏①，服者不寒。其阳多㻬琈之玉。

〔注释〕

①蓟(jì)柏：树名。蓟，通“蓟”。

〔译文〕

役山向东三十五里的地方，叫作敏山。山上有一种树，它的形状像牡荆，开白色的花，结红色的果实，名叫蓟柏，吃了它人就不怕寒冷。这座山的南面多产㻬琈玉。

又东三十里，曰大騩之山。其阴多铁、美玉、青垩。有草焉，其状如蓍而毛[①]，青华而白实，其名曰䓘[②]，服之不夭[③]，可以为腹病[④]。

〔注释〕

①如蓍(shī)而毛：像蓍草，浑身长有绒毛。蓍，蓍草，多年生草本植物，全草可入药，茎、叶可制香料(通称"蚰蜒草""锯齿草")，古代用其茎占卜。

②䓘：草名。《玉篇》云："䓘，胡恳切，草名，似蓍，花青白。"

③不夭：使人长寿。郭璞注云："言尽(益)寿也。"

④腹病：肠胃病。

〔译文〕

敏山向东三十里的地方，叫作大騩山。这座山的北面多产铁、精美的玉石、青垩。山上有一种草，它的形状像蓍草，浑身长有绒毛，开青色的花，结白色的果实，名叫䓘草，服用它可以使人长寿，还可以治疗肠胃病。

凡苦山之首，自休与之山至于大騩之山，凡十有九山[①]，千一百八十四里。其十六神者，皆豕身而人面。其祠：毛牷用一羊羞[②]，婴用一藻玉瘗。苦山、少室、太室皆冢也，其祠之，太牢之具，婴以吉玉。其神状皆人面而三首。其余属皆豕身人面也。

〔注释〕

①十有九山：十九座山。有，通"又"。

②毛牷用一羊羞：用一只纯色的羊作为进献的贡物。羞，进献。

〔译文〕

《中山经》苦山山系，从休与山到大騩山，一共十九座山，一千一百八十四里。其中的十六位山神，都是猪的身体、人的脸。祭祀它们：用一只纯色的羊作为进献的供物，用一块带文彩的玉环绕陈祭后和羊一起埋进地里。苦山、少室山、泰室山都是众山之长，祭祀它们的礼仪：用猪、牛、羊三牲齐备的太牢，用吉玉环绕陈祭。这三座山山神的形貌，都是人的脸，长着三个脑袋。其他山神的形貌，都是猪的身体、人的脸。

《中次八经》荆山之首，曰景山。其上多金、玉，其木多杼[①]、檀。睢(jū)水出焉，东南流注于江。其中多丹粟，多文鱼[②]。

〔注释〕

①杼(shù)：柞树。袁珂案："'杼'见《尔雅·释木》，郭注云：'柞树。'"

②文鱼：身上带有斑彩的鱼。

〔译文〕

《中山经》第八列山系荆山的第一座山，叫作景山。这座山上多产金属矿物和玉石，山上的树多是柞树、檀树。睢水从这里发源,向东南方向流注入长江。水中多产细粒的丹砂,还有许多文鱼。

东北百里,曰荆山。其阴多铁,其阳多赤金。其中多牦牛,多豹、虎。其木多松、柏,其草多竹,多橘、櫾[①]。漳水出焉,而东南流注于雎。其中多黄金,多鲛鱼[②]。其兽多闾、麋。

〔注释〕

①櫾(yòu):古同“柚”,柚子树。郭璞注云:“櫾似橘而大也,皮厚味酸。”

②鲛鱼:即“鲨鱼”。郝懿行《笺疏》云:“鲛鱼即今沙鱼。”

〔译文〕

景山东北一百里的地方,叫作荆山。山的北面多产铁,山的南面多产赤金,山中有许多牦牛,还有许多豹子和老虎。山上的树木多是松树和柏树,草类多是竹子,还有许多橘子树和柚子树。漳水从这里发源,向东南方向流注入雎水。水中盛产黄金,还有很多鲛鱼。山里的野兽以山驴和麋鹿居多。

又东北百五十里,曰骄山。其上多玉,其下多青雘。其木多松、柏,多桃枝、钩端。神蟲围处之,其状如人面,羊角虎爪,恒游于雎、漳之渊,出入有光。

〔译文〕

荆山东北方向一百五十里的地方,叫作骄山。山上多产玉石，山下多产青雘。树木多是松树和柏树，还有许多桃枝竹和钩端竹。神䰠围居在这里，它长着人的脸、羊的角、老虎的爪子，常常在雎水和漳水的深渊里巡游，进出时都会发出光亮。

又东北百二十里，曰女几之山。其上多玉，其下多黄金。其兽多豹、虎，多闾、麋、麖、麂①。其鸟多白鷮②，多翟，多鸩③。

〔注释〕

①麖（jīng）：马鹿，体型高大，栗棕色，耳大而直立，四脚细长，性机警，善奔跑。麂（jǐ）：哺乳动物的一属，像鹿，腿细而有力，善于跳跃，皮很软可以制革，通称“麂子”。

②白鷮（jiāo）：野鸡的一种，尾长，可做装饰品，边走边叫，性勇健，善斗。郭璞注云：“鷮似雉而长尾，走且鸣。”

③鸩：传说中的一种毒鸟，把它的羽毛放在酒里，可以毒杀人。

〔译文〕

骄山东北一百二十里的地方，叫作女几山。这座山上多产玉石，山下多产黄金。山上的野兽多是豹子和老虎，还有许多山驴、麋鹿、马鹿和麂子。山上的鸟类多是白鷮，还有许多长尾野鸡和鸩鸟。

又东北二百里，曰宜诸之山。其上多金、玉，其下多青雘。洈（wéi）水出焉，而南流注于漳，其中多白玉。

〔译文〕

女几山东北二百里的地方，叫作宜诸山。这座山上多产金属矿物和玉石，山下多产青色的矿物染料。浤水从这里发源，向南流注入漳水，水中多产白玉。

又东北三百五十里，曰纶山。其木多梓、楠，多桃枝，多柤①、栗、橘、櫾。其兽多闾、麈②、麢、㚟③。

〔注释〕

①柤(zhā)：古同“楂”，山楂，这里指山楂树。

②麈(zhǔ)：古书上指鹿一类的动物，其尾可做拂尘。

③㚟(chuò)：一种像兔而较大的青色兽。郭璞注云：“㚟似菟而鹿脚，青色。”

〔译文〕

宜诸山东北三百五十里的地方，叫作纶山。这座山上生长着许多梓树、楠树，还有许多竹子，许多山楂树、栗子树、橘子树和柚子树。山上的野兽多是山驴、麈、羚羊和㚟。

又东北二百里，曰陆郇(guǐ)之山。其上多㻬琈之玉，其下多垩。其木多杻、橿。

〔译文〕

纶山东北二百里的地方，叫作陆郇山。这座山上多产㻬琈玉，山下多产白土。山上的树木多是杻树和橿树。

又东北百三十里，曰光山。其上多碧，其下多木。神计蒙处之，其状人身而龙首，恒游于漳渊，出入必有飘风暴雨。

〔译文〕

陆郈山东北一百三十里的地方，叫作光山。这座山上多产碧玉，山下有许多树木。天神计蒙居住在这里，它长着人的身体、龙的脑袋，常常巡游于漳水的深渊，进出时一定会刮大风下暴雨。

又东百五十里，曰岐山。其阳多赤金，其阴多白珉[1]。其上多金、玉，其下多青雘，其木多樗。神涉𧓍处之，其状人身而方面[2]三足。

〔注释〕

①白珉(mín)：似玉的美石。郭璞注云："石似玉者，音旻。"
②方面：方形的脸。

〔译文〕

光山向东一百五十里的地方，叫作岐山。这座山的南面多产铜，山的北面多产白珉。山上多产金属矿物和玉石，山下多产青色矿物染料，树木多是樗树。天神涉𧓍居住在这里，它长着人的身体，方形的脸，三只脚。

又东百三十里，曰铜山。其上多金、银、铁，其木多榖、柞、柤、栗、橘、櫾，其兽多豹(zhuó)。

〔译文〕

岐山向东一百三十里的地方，叫作铜山。山上多产金、银、铁，山上的树木多是构树、柞树、山楂树、栗子树、橘子树和柚子树，野兽多是犳。

又东北一百里，曰美山。其兽多兕牛，多闾、麈，多豕、鹿。其上多金，其下多青雘。

〔译文〕

铜山东北一百里的地方，叫作美山。这座山上的野兽多是雌犀牛，还有许多山驴、麈、野猪和鹿。山上多产金属矿物，山下多产青色的矿物染料。

又东北百里，曰大尧之山。其木多松、柏，多梓、桑，多机。其草多竹。其兽多豹、虎、麢、㚟。

〔译文〕

美山东北一百里的地方，叫作大尧山。这座山上的树木多是松树、柏树，还有许多梓树、桑树和机树。山上的草类多是竹子。野兽多是豹子、老虎、羚羊和㚟。

又东北三百里，曰灵山。其上多金、玉，其下多青雘。其木多桃、李、梅、杏。

〔译文〕

大尧山东北三百里的地方，叫作灵山。这座山上多产金属矿物和玉石，山下多产青色的矿物染料。山上的树木多是桃树、李树、梅树和杏树。

又东北七十里，曰龙山。上多寓木[①]。其上多碧，其下多赤锡。其草多桃枝、钩端。

〔注释〕

①寓木：寄生树。郭璞注云："寄生也，一名宛童。见《尔雅》。"

〔译文〕

灵山东北七十里的地方，叫作龙山。山上生长着许多寓木。山上多产碧玉，山下多产赤锡。山上的草类多是桃枝竹和钩端竹。

又东南五十里，曰衡山。上多寓木、榖、柞。多黄垩、白垩。

〔译文〕

龙山东南五十里的地方，叫作衡山。山上有许多寓木，许多构树、柞树。山上还多产黄土和白土。

又东南七十里，曰石山。其上多金，其下多青雘。多寓木。

〔译文〕

衡山东南方向七十里的地方，叫作石山。这座山上多产金属矿物，山下多产青色的矿物染料。还生长着许多寓木。

又南百二十里，曰若山。其上多㻬琈之玉，多赭，多邽石[①]。多寓木,多柘。

〔注释〕

①邽石:一种可作药用的矿物。

〔译文〕

石山向南一百二十里的地方,叫作若山。这座山上多产㻬琈玉,也多产红褐色的土和邽石。山上生长着许多寓木和柘树。

又东南一百二十里,曰彘山。多美石,多柘。

〔译文〕

若山东南一百二十里的地方,叫作彘山。山有上有许多美丽的石头,生长着许多柘树。

又东南一百五十里,曰玉山。其上多金、玉,其下多碧、铁。其木多柏。

〔译文〕

彘山东南一百五十里的地方,叫作玉山。这座山上多产金属矿物和玉石,山下多产碧玉、铁。山上的树木多是柏树。

又东南七十里,曰讙山。其木多檀,多邽石,多白锡。郁水出于其上,潜于其下,其中多砥、砺。

〔译文〕

玉山东南七十里的地方,叫作讙山。山上的树木多是檀树,多产封石和白锡。郁水发源于这座山的山顶，在山脚下潜流，水中多产磨石。

又东北百五十里，曰仁举之山。其木多榖、柞。其阳多赤金，其阴多赭。

〔译文〕

谨山东北一百五十里的地方，叫作仁举山。山上的树木多是构树、柞树。山的南面多产铜，山的北面多产赭石。

又东五十里，曰师每之山。其阳多砥、砺，其阴多青雘。其木多柏、多檀、多柘，其草多竹。

〔译文〕

仁举山向东五十里的地方，叫作师每山。山的南面多产磨石，山的北面多产青色的矿物染料。山上的树木多是柏树、檀树、柘树，草类多是竹子。

又东南二百里，曰琴鼓之山。其木多榖、柞、椒、柘。其上多白珉，其下多洗石。其兽多豕、鹿，多白犀，其鸟多鸩。

〔译文〕

师每山东南二百里的地方，叫作琴鼓山。山上的树木多是构树、柞树、花椒树和柘树。这座山的上面多产白珉，山下多产洗石。山上的野兽多是野猪、鹿,还有许多白色的犀牛,鸟类多是鸩鸟。

凡荆山之首,自景山至琴鼓之山,凡二十三山,二千八百九十里。其神状皆鸟身而人面。其祠:用一雄鸡祈瘗,用一藻圭①,糈用稌。骄山,冢也,其祠:用羞酒少牢祈瘗,婴毛一璧。

〔注释〕

①藻圭:即藻玉。带纹彩的玉石。

〔译文〕

中山经荆山山系,从景山到琴鼓山,一共二十三座山,二千八百九十里。这些山山神的样貌都是鸟的身体人的脸。祭祀它们:用一只雄鸡祈祷后埋进地里,祭神的玉用一块带纹彩的玉石,祭祀的精米用稻米。骄山,是众山之长,祭祀它的山神:用专门献神的酒祭祀,用猪、羊齐备的少牢之礼祈祷后埋进地里,用一块璧在毛物上环绕陈祭。

《中次九经》岷山之首,曰女几之山。其上多石涅。其木多杻、橿,其草多菊、茉。洛水出焉,东注于江,其中多雄黄。其兽多虎、豹。

〔译文〕

《中山经》第九列山系岷山的第一座山,叫作女几山。这座山上多产黑石脂。山上的树木多是杻树、橿树,草类多是菊花、苍术和白术。洛水从这里发源，向东流注入长江，水中多产雄黄。野兽多是老虎和豹子。

又东北三百里，曰岷山。江水出焉，东北流注于海。其中多良龟[①]，多鼍[②]。其上多金、玉，其下多白珉。其木多梅、棠。其兽多犀、象，多夔牛[③]，其鸟多翰、鷩。

〔注释〕

①良龟：品种优良的龟。

②鼍（tuó）：爬行动物，吻短，体长二米多，背部、尾部均有鳞甲。穴居江河岸边，皮可以蒙鼓。亦称"扬子鳄""鼍龙""猪婆龙"。郭璞注云："似蜥蜴，大者长二丈，有鳞彩，皮可以冒鼓。"

③夔（kuí）牛：传说中一种高大的野牛。郭璞注云："今蜀山中有大牛，重数千斤，名为夔牛，即《尔雅》所谓'魏'。"

〔译文〕

女几山东北三百里的地方，叫作岷山。江水从这里发源，向东北方向流注入大海。水中有许多良龟，又有许多鼍。山上多产金属矿物和玉石，山下多产白珉。树木多是梅树和海棠树。野兽多是犀牛和大象，还有许多夔牛，鸟类多是白翰、赤鷩。

又东北一百四十里，曰崃（lái）山。江水出焉，东流注大江。其阳多黄金，其阴多麋、麈（zhú）。其木多檀、柘，其草多薤、韭，多药[①]、空夺[②]。

〔注释〕

①药：白芷。袁珂案："药，白芷也，已见上文《西次四经》号山。"

②空夺：即寇脱，通脱木的别名。汪绂注云："空夺即寇脱也。"

〔译文〕

岷山东北一百四十里的地方，叫作崃山。江水从这里发源，向东流注入长江。这座山的南面多产黄金，北面有许多麋鹿、麈。山上的树木多是檀树和柘树，草类多是山薤、山韭，还生长着许多白芷和通脱木。

卷六　海外南经

〔题解〕

《海外南经》主要记载的是中原以外南部地区一些国家的地理位置和当地的风土人情。

文中记载的十三个南部地区国家的人民形貌千奇百怪，如胸脯前凸的结匈国、会飞的羽民国、会吐火的厌火国、长生不死的不死国、连臂的二八神人等，都带有一定的神话色彩。除此之外，还描写了羿与凿齿作战的场面，再现了远古时期部落之间交战的一些情况。

地之所载，六合①之间，四海之内，照之以日月，经②之以星辰，纪之以四时，要之以太岁③。神灵所生，其物异形，或夭或寿，唯圣人能通其道。

〔注释〕

①六合：东、西、南、北、上、下六个方向。郭璞注云："四方、上、下为六合也。"

②经：运行。

③要之以太岁：用岁星的运行来校正纪年。要，正。太岁，古代天文学中假设的岁星，又称岁阴或太阴。古代认为岁星（木星）十二年一周天，

因此将黄道分为十二等分,以岁星所在部分作为岁名。高诱注:“要,正也,以太岁所在,正天时也。”

〔译文〕

凡是大地所承载的,上下四方之间,四海之内,在太阳和月亮的照耀之下,在星辰的运行之中,用四季来记载时节,通过岁星的运行来校正纪年。神灵诞育的万物,有各种各样不同的形态,有的夭折,有的长寿,只有圣人才能通晓其中的道理。

海外自西南陬[①]至东南陬者。

〔注释〕

①陬(zōu):隅,角落。郭璞注云:“陬,犹隅也。”

〔译文〕

海外从西南角到东南角的地方。

结匈国[①]在其[②]西南,其为人结匈[③]。

〔注释〕

①结匈国:古代传说中的国名。结匈,亦作“结胸”。毕沅《新校正》云:“《淮南子·地形训》有结胸民。”

②其:袁珂案:“此‘其’字指临近结胸国‘海外自西南陬至西北陬’(《海外西经》)之灭蒙鸟,所谓‘灭蒙鸟在结胸国北,为鸟青,赤尾’者是也。”

③结匈:胸脯前凸。袁珂案:“结匈,疑今之所谓鸡胸。”

〔译文〕

结匈国在灭蒙鸟的西南方向，这个国家的人胸脯向前凸出。

南山在其东南。自此山来，虫为蛇，蛇号为鱼[1]。一曰南山在结匈东南。

〔注释〕

①“虫为蛇”两句：虫被叫作蛇，蛇被叫作鱼。郭璞注云：“以虫为蛇，以蛇为鱼。”

〔译文〕

南山在它的东南。从这座山开始，虫被叫作蛇，蛇被叫作鱼。一说南山在结匈国的东南。

比翼鸟[1]在其东，其为鸟青、赤，两鸟比翼。一曰在南山东。

〔注释〕

①比翼鸟：传说中的一种鸟。吴任臣《广注》云：“即蛮蛮也。”《尔雅·释地》：“南方有比翼鸟焉，不比不飞，其名谓之鹣鹣（jiān）。”袁珂案：“鹣鹣，盖即蛮蛮之音转也。”

〔译文〕

比翼鸟在它的东面，这种鸟的羽毛有红和青两种颜色，两只鸟翅膀互相配合才飞。一说比翼鸟在南山的东面。

羽民国[①]在其东南，其为人长头，身生羽。一曰在比翼鸟东南，其为人长颊。

〔注释〕

①羽民国：古代传说中的国名。郭璞注云："能飞不能远，卵生，画似仙人也。"袁珂案："《淮南子·地形训》有羽民。"

〔译文〕

羽民国在它的东南，这里的人脑袋很长，身上长有羽毛。一说在比翼鸟的东南方，这里的人脸颊很长。

有神人二八[①]，连臂，为帝司夜于此野。在羽民东。其为人小颊赤肩。尽十六人。

〔注释〕

①神人二八：说法不一。《淮南子·地形训》云："有神二人，连臂为帝候夜，在其西南方。"高诱注云："连臂大呼夜行。"郝懿行《笺疏》曰："薛综注《东京赋》云：'野仲、游光，恶鬼也，兄弟八人，常在人间作怪害。'案野仲、游光二人，兄弟各八人，正得十六人，疑即此也。"

〔译文〕

有二八神，手臂相连，为天帝在这个山野间守夜。他们在羽民国的东面。这些神长着小脸盘、红肩膀。一共有十六个人。

毕方鸟在其东，青水[①]西，其为鸟人面一脚[②]。一曰在二八神东。

〔注释〕

①青水：水名。《海内西经》云："青水出西南隅，以东，又北，又西南，过毕方鸟东。"

②人面一脚：郝懿行《笺疏》云："《西次三经》说毕方鸟，不言'人面'。"

〔译文〕

毕方鸟在它的东面，青水的西面，这种鸟长着人的面孔，有一只脚。一说毕方鸟在二八神的东面。

讙头国①在其南，其为人人面有翼，鸟喙，方捕鱼②。一曰在毕方东。或曰讙朱国。

〔注释〕

①讙头国：传说中的古国名。郭璞注云："讙兜，尧臣，有罪，自投南海而死。帝怜之，使其子居南海而祠之。"袁珂案："《淮南子·地形篇》有讙头国。"

②方捕鱼：正在捕鱼。

〔译文〕

讙头国在它的南面，这里的人都有着人的脸，生有翅膀，长着鸟的嘴，正在捕鱼。一说在毕方鸟的东面。又被称作讙朱国。

厌火国①在其国南，兽身黑色，生火出其口中②。一曰在讙朱东。

〔注释〕

①厌火国：传说中的古国名。厌火，袁珂案：“厌，饱也，足也。”

②生火出其口中：火从他们嘴里喷出。《博物志·外国》云：“厌光国民，光出口中，形尽似猕猴，黑色。”

〔译文〕

厌火国在它的南面，这里的人长着野兽的身体，全身黑色，火从他们嘴里喷出。一说在讙朱国的东面。

三珠树在厌火北，生赤水上，其为树如柏，叶皆为珠。一曰其为树若彗①。

〔注释〕

①若彗：像彗星一样。郭璞注云：“如彗星状。”

〔译文〕

三珠树在厌火国的北面，这里的人生活在赤水之上，这种树形状像柏树，树叶都是珍珠。一说这种树的形状像彗星。

三苗国①在赤水东，其为人相随②。一曰三毛国。

〔注释〕

①三苗国：古国名。郭璞注云：“昔尧以天下让舜，三苗之君非之，帝杀之，有苗之民，叛入南海，为三苗国。”

②其为人相随：这里的人们互相跟随，像是要远徙南海。袁珂案："相随者，当即相随远徙南海之象也。"

〔译文〕

三苗国在赤水的东边，这里的人互相跟随，像是要远徙南海。一说是三毛国。

𢧀国[1]在其东，其为人黄，能操弓射蛇。一曰𢧀国在三毛东。

〔注释〕

①𢧀（zhí）国：古代神话传说中的国名。郝懿行《笺疏》云："𢧀，疑当为㦾，见《说文》。《玉篇》作𢦔（dié），云：'𢦔，国名也，在三苗东。'本此。"

〔译文〕

𢧀国在它的东边，这里的人皮肤是黄色的，能够用弓箭射蛇。一说𢧀国在三毛国的东边。

贯匈国[1]在其东，其为人匈有窍[2]。一曰在𢧀国东。

〔注释〕

①贯匈国：亦作"贯胸国""穿胸国"，传说中的古国名。郭璞注云："《尸子》曰：'四夷之民有贯匈者，有深目者，有长肱者，黄帝之德常致之。'《异物志》曰：'穿匈之国，去其衣则无自然者。'"

②匈有窍：胸部有一个洞。袁珂案："《淮南子·地形训》有穿胸民，高诱注云：'胸前穿孔达背。'"

〔译文〕

贯匈国在它的东边，这里的人胸部都有一个洞。一说在䴀国的东边。

交胫国在其东，其为人交胫[1]。一曰在穿匈东。

〔注释〕

①交胫：郭璞注："言脚胫曲戾相交，所谓'雕题、交趾'者也。或作颈，其为人交颈而行也。"袁珂案："《淮南子·地形篇》有'交股民'，高诱注云：'交股民，脚相交切。'即此。"

〔译文〕

交胫国在它的东边，这里的人小腿弯曲交结。一说在穿胸国的东边。

不死民[1]在其东，其为人黑色，寿，不死[2]。一曰在穿匈国东。

〔注释〕

①不死民：神话传说中长生不死的人。郭璞注云："有员丘山，上有不死树，食之乃寿。亦有赤泉，饮之不老。"

②寿，不死：长寿，不会死亡。

〔译文〕

不死民在它的东面，这里的人皮肤是黑色的，长寿，不会死亡。一说在穿胸国的东面。

岐舌国在其东。一曰在不死民东①。

〔注释〕

①郭璞云:“其人舌皆岐,或云支舌也。”郝懿行《笺疏》云:“支舌即岐舌也。……岐,一作枝,枝、支古字通也。又支与反字相近,《淮南子·地形训》有‘反舌民’,高诱注云:‘语不可知而自相晓。’又注《吕氏春秋·功名篇》云:‘一说南方有反舌国,舌本在前,末倒向喉,故曰反舌。’是支舌古本作反舌也。《艺文类聚》十七卷引此经,作‘反舌国,其人反舌’。《太平御览》三百六十七卷亦引此经同,而云‘一曰交’。案:交盖支字之讹也。”袁珂案:“郝说是也。古本经文全文当作‘反舌国在其东,其为人反舌。一曰支舌国在不死民东’。”

〔译文〕

岐舌国在它的东边。一说在不死民的东边。

昆仑虚①在其东,虚四方②。一曰在岐舌东,为虚四方。

〔注释〕

①昆仑虚:即昆仑山。郭璞注云:“虚,山下基也。”

②虚四方:这座山呈四方形。

〔译文〕

昆仑山在它的东面,这座山呈四方形。一说在岐舌国的东面,那座山是方形的。

羿[①]与凿齿[②]战于寿华之野[③],羿射杀之。在昆仑虚东。羿持弓矢[④],凿齿持盾。一曰戈。

〔注释〕

①羿:古代神话传说中的人名,善于射箭。另有一说羿是中国夏代有穷国的君主,亦善于射箭,亦称"后羿""夷羿"。袁珂案:"羿,古天神名。"

②凿齿:古代神话传说中的人名。郭璞注云:"凿齿亦人也,齿如凿,长五六尺,因以名云。"一说凿齿是兽名。

③寿华:袁珂案:"《淮南子·本经训》作畴华,高诱注云:'南方泽名。'"《淮南子·本经训》:"尧乃使羿诛凿齿于畴华之野。"

④弓矢:弓和箭。

〔译文〕

后羿与凿齿在畴华之野交战,后羿用箭射死了凿齿。在昆仑山的东面。后羿拿着弓和箭,凿齿拿着盾。一说拿着戈。

三首国[①]在其东,其为人一身三首。

〔注释〕

①三首国:古代传说中的国名。袁珂案:"《淮南子·地形训》有三头民。"

〔译文〕

三首国在昆仑山的东面,这里的人一个身体上长着三个脑袋。

周饶国[1]在其东，其为人短小，冠带[2]。一曰焦侥国在三首东。

〔注释〕

①周饶国：亦作"焦侥(yáo)国"，古代传说中的国名。郭璞注云："其人长三尺，穴居，能为机巧，有五谷也。"袁珂案："'周饶''焦侥'并'侏儒'之声转。侏儒，短小人。周饶国、焦侥国，即所谓小人国也。"

②冠带：即戴冠束带。戴着帽子，束着腰带。

〔译文〕

周饶国在它的东面，这里的人身材短小，戴着帽子，束着腰带。一说焦侥国在三首国的东面。

长臂国[1]在其东，捕鱼水中，两手各操一鱼。一曰在焦侥东，捕鱼海中。

〔注释〕

①长臂国：古代传说中的国名。郭璞注云："旧说云，其人手下垂至地。"袁珂案："《淮南子·地形训》有'修臂民'，高诱注云：'一国民皆长臂，臂长于身，南方之国也。'"

〔译文〕

长臂国在它的东面，这里的人能在水中捕鱼，两只手各拿一条鱼。一说在焦侥国的东面，人们在海中捕鱼。

卷七　海外西经

〔题解〕

《海外西经》主要记载的是中原以外西部地区一些国家的地理位置和当地的风土人情。

文中记载的十个奇怪的国家有三身国、一臂国、女子国、丈夫国等;还有女祭、女戚、巫咸等掌管祭祀、下宣神旨、上达民情的巫师;一出现就会使国家灭亡的鵹鸟、鶬鸟,以及百兽群居、一片祥和安乐的诸夭野等。

《海外西经》中最有名的要数刑天神话,它被斩首后依然生命不息、战斗不止的抗争精神一直激励着后人,成了悲壮英雄的象征。

海外自西南陬至西北陬者。

〔译文〕

海外从西南角到西北角的地方。

灭蒙鸟在结匈国北。为鸟青,赤尾。

〔译文〕

灭蒙鸟在结匈国的北面。这种鸟身体是青色的，尾巴是红色的。

大运山高三百仞，在灭蒙鸟北。

〔译文〕

大运山高三百仞，在灭蒙鸟的北面。

大乐之野，夏后启①于此儛九代②，乘两龙，云盖三层③。左手操翳④，右手操环，佩玉璜⑤。在大运山北。一曰大遗之野。

〔注释〕

①夏后启：即夏启，亦称“夏后开”。姒姓，禹之子。相传禹命伯益继位为王，禹死后，伯益推让，退隐箕山，启遂继王位。

②九代：说法不一。郭璞注云：“九代，马名，儛谓盘作之令舞也。”郝懿行《笺疏》云：“《九代》，疑乐名也。……《淮南子·齐俗训》云：‘夏后氏其乐夏籥（yuè）《九成》。’疑九代本作九成，今本传写形近而讹也。”袁珂案：“郝说是也。《九代》确当是乐名，非舞马之戏。陈梦家《商代的神话与巫术》（《燕京学报》第二十期）一文略谓：即《九隶》，隶，象又持牛尾。《九歌》：‘成礼兮会鼓，传芭兮代舞。即隶舞也。’”本书译文采用郝懿行的说法。

③云盖三层：有三层云雾环绕着他。

④翳（yì）：用羽毛做的华盖。郭璞注云：“羽葆幢也。”

⑤玉璜（huáng）：半圆形的璧。郭璞注云：“半璧曰璜。”

〔译文〕

大乐野，夏启在这里观赏乐舞《九代》的表演，他驾着两条龙，周围有三层云雾环绕。他的左手拿着羽葆幢，右手拿着一只玉环，身上佩戴着玉璜。大乐野在大运山的北面。一说是在大遗野。

三身国在夏后启北①，一首而三身。

〔注释〕

①三身国：传说中的海外国名。《淮南子·地形训》有三身民。《大荒南经》云："大荒之中，有不庭之山，荣水穷焉。有人三身。帝俊妻娥皇，生此三身之国，姚姓，黍食，使四鸟。"

〔译文〕

三身国在夏启的北面，这里的人都长着一个脑袋、三个身体。

一臂国在其北①，一臂、一目、一鼻孔。有黄马，虎文，一目而一手②。

〔注释〕

①一臂国：传说中的海外国名。袁珂案："《大荒西经》云：'有一臂民。'即此。"

②手：郝懿行《笺疏》云："手，马臂也。"

〔译文〕

一臂国在三身国的北面，这里的人长着一只胳膊、一只眼睛、一个鼻孔。有一种黄马，长着老虎的斑纹，也只有一只眼睛、一条腿。

奇肱之国在其北①。其人一臂三目，有阴有阳，乘文马②。有鸟焉，两头，赤黄色，在其旁。

〔注释〕

①奇肱(jīgōng)之国：传说中的海外国名。关于它的解释，历来说法不一。郭璞注云："肱或作弘，奇音羁。"又云："其人善为机巧，以取百禽，能作飞车，从风远行。汤时得之于豫州界中，即坏之，不以示人。后十年西风至，复作遣之。"袁珂案："《淮南子·地形训》无奇肱国，而有奇股民，高诱注：'奇，只也。股，脚也。'则是独脚人矣，以较奇肱之独臂，似于义为长，以独臂与'善为机巧'有抵触也。"

②文马：神马名。郭璞注云："文马即吉良也。"《海内北经》云："犬戎国有文马，缟身朱鬣，目若黄金，名曰吉量，乘之寿千岁。"

〔译文〕

奇肱国在一臂国的北面。这里的人有一只手臂、三只眼睛，眼睛有阴有阳，他们出行骑着神马吉良。有一种鸟，长着两个脑袋，浑身赤黄色，跟在他们身旁。

形天与帝至此争神①，帝断其首，葬之常羊之山。乃以乳为目，以脐为口，操干戚以舞②。

〔注释〕

①形天:神话人物,无首。又作“刑天”。

②干戚:亦作“干鉞”,盾与斧,古代的两种兵器。郭璞注云:“干,盾。戚,斧也。是为无首之民。”

〔译文〕

刑天与天帝争夺神位,天帝砍掉了他的脑袋,把他的脑袋葬在了常羊山。刑天于是用乳头当眼睛,用肚脐为嘴巴,手里拿着盾与斧不停挥舞。

女祭、女戚在其北[①],居两水间,戚操鱼䱉[②],祭操俎[③]。

〔注释〕

①女祭、女戚:祭祀的女巫。

②鱼䱉:当为角䚡,一种祭祀用的酒器。王念孙《疏证》云:“鱼䱉当作角觯(zhì)……‘鲜,鱼属’当为‘角䚡,觯属。’《说文》:‘䚡,小觯也。’”

③俎(zǔ):古代祭祀时放祭品的器物。郭璞注云:“肉几。”

〔译文〕

女祭、女戚在奇肱国的北面,居住在两条河流的中间,女戚拿着祭祀用的酒杯,女祭拿着祭祀用的肉几。

䳢鸟、鶬鸟[①],其色青黄,所经国亡。在女祭北。䳢鸟人面,居山上。一曰维鸟,青鸟、黄鸟所集。

〔注释〕

①鸾(cì)鸟、鸇(dǎn)鸟:猫头鹰一类的鸟。郭璞注云:"此应祸之鸟,即今枭、鸺鹠之类。"

〔译文〕

鸾鸟、鸇鸟,它们毛色青黄,所飞经的地方,国家就会灭亡。它们生活在女祭的北面。鸾鸟长着人的脸,居住在山上。一说两种鸟统称为维鸟,是青鸟和黄鸟聚集在一起的混称。

丈夫国在维鸟北①,其为人衣冠带剑。

〔注释〕

①丈夫国:古代传说中的国名。袁珂案:"《淮南子·地形训》有丈夫民;《大荒西经》亦云:'有丈夫之国。'"

〔译文〕

丈夫国在维鸟的北面,这里的人都穿着衣服,戴着帽子,腰间佩带着剑。

女丑之尸①,生而十日炙杀之。在丈夫北。以右手鄣②其面。十日居上,女丑居山之上。

〔注释〕

①女丑之尸:女丑的尸体。女丑,亦作"女仞",神名。

②鄣:同"障",遮挡。

〔译文〕

女丑的尸体躺在那里，她活着的时候遭遇不幸，被十个太阳的烈焰炙烤而亡。在丈夫国的北面。她死的时候用右手遮挡着脸。十个太阳高挂在天上，女丑的尸体躺在山顶上。

巫咸国在女丑北①，右手操青蛇，左手操赤蛇。在登葆山，群巫所从上下也②。

〔注释〕

①巫咸国：传说中的海外国名。袁珂案："《大荒西经》云：'大荒之中，有山名曰丰沮玉门，日月所入。有灵山，巫咸、巫即、巫朌、巫彭、巫姑、巫真、巫礼、巫抵、巫谢、巫罗十巫，从此升降，百药爰在。'《大荒南经》云：'大荒之中，又有登备之山。'郭璞注：'即登葆山，群巫所从上下也。'则巫咸国者，乃一群巫师组织之国家也。"

②群巫所从上下也：群巫从这座山上下宣神旨，上达民情。

〔译文〕

巫咸国在女丑的北面，这里的人们右手拿着青蛇，左手拿着赤蛇。在登葆山，群巫在这座山上下宣神旨，上达民情，这里是他们上下于天的地方。

并封在巫咸东①，其状如彘，前后皆有首，黑。

〔注释〕

①并封：传说中的一种野兽，有两个头。袁珂案："《大荒西经》云：'有

兽,左右有首,名曰屏蓬。'《周书·王会篇》云:'区阳以鳖封者若彘,前后有首。'是并封、屏蓬、鳖封皆声之转,实一物也。"

〔译文〕

并封这种野兽在巫咸国的东面,它的形状像猪,前后有两个脑袋,全身黑色。

女子国在巫咸北①,两女子居,水周之②。一曰居一门中③。

〔注释〕

①女子国:传说中的海外国名。袁珂案:"《淮南子·地形训》有女子民。《大荒西经》云:'有女子之国。'"

②水周之:水环绕在她们四周。

③居一门中:说法不一。郝懿行《笺疏》云:"居一门中,盖谓女国所居同一聚落也。"袁珂案:"郝说非也。所谓'居一门中'者,亦图像如此,犹'两女子居,水周之'之为另一图像然。"

〔译文〕

女子国在巫咸国的北面,有两个女子居住在这里,水环绕在她们四周。一说居住在同一道门的中间。

轩辕之国在此穷山之际①,其不寿者八百岁。在女子国北。人面蛇身,尾交首上。

〔注释〕

①轩辕之国:传说中的海外国名。袁珂案:"《大荒西经》云:'有轩辕

之国，江山之南栖为吉，不寿者乃八百岁。'《西次三经》有轩辕之丘，郭注云：'黄帝居此。'"

〔译文〕

轩辕国在穷山的边缘，这里的人寿命最短的也有八百岁。轩辕国位于女子国的北面。这里的人都长着人的脸、蛇的身体，尾巴交叉盘绕在头上。

穷山在其北，不敢西射，畏轩辕之丘。在轩辕国北，其丘方，四蛇相绕。

〔译文〕

穷山在轩辕国的北面，这里的人们不敢向西方射箭，敬畏黄帝居住的轩辕丘。轩辕丘在轩辕国的北面，轩辕丘呈方形，有四条蛇围绕在那里。

此诸沃之野，鸾鸟自歌，凤鸟自舞；凤皇卵，民食之；甘露，民饮之；所欲自从也。百兽相与群居。在四蛇北。其人两手操卵食之，两鸟居前导之。

〔译文〕

这个诸沃野上鸾鸟自在地唱歌，凤鸟自由地舞蹈；凤鸟的卵，人们拿来吃；甘美的露水，人民取来饮用；所有的一切都随心所欲，自得其乐。各种飞禽走兽相伴居住在一起。诸沃野在四条蛇（轩辕国）的北面。这里的人们两只手拿着凤鸟卵食用，有两只鸟在前面引路。

龙鱼陵居在其北[①]，状如狸[②]。一曰鰕[③]。即有神圣乘此以行九野[④]。一曰鳖鱼在夭野北，其为鱼也如鲤。

〔注释〕

①龙鱼：一种鱼类。袁珂案："龙鱼，疑即《海内北经》所记陵鱼，盖均神话传说中人鱼之类也。"

②狸：当为"鲤"。郝懿行《笺疏》云："狸当为鲤字之讹。李善注《江赋》引此经云：'龙鲤陵居，其状如鲤，或曰龙鱼，一角也。'"

③鰕（xiā）：即鲵鱼。毕沅《新校正》云："一作如鰕，言状如鲵鱼有四脚也。《尔雅》云：'鲵大者谓之鰕。'"

④九野：九州的原野。郭璞注云："九域之野。"

〔译文〕

龙鱼生活在诸沃野的北面，它的形状像鲤鱼。一说是鲵鱼。就有神人乘着它遨游九州的原野。一说鳖鱼在诸沃野的北面，这种鱼的形状也像鲤鱼。

白民之国在龙鱼北[①]，白身被发。有乘黄[②]，其状如狐，其背上有角，乘之寿二千岁。

〔注释〕

①白民之国：神话中古国名。袁珂案："《淮南子·地形训》有白民。《大荒西经》云：'有大泽之长山。有白民之国。'即此。"

②乘黄：飞黄，传说中的异兽名。郭璞注云："《周书》曰：'白民乘黄，似狐，背上有两角。'即飞黄也。《淮南子》曰：'天下有道，飞黄伏皂（zào）。'"

〔译文〕

白民国在龙鱼的北面，这里的人长着白色的身体，披头散发。有一种乘黄兽，它的形状像狐狸，背上有角，乘坐他的人寿命可达两千岁。

肃慎之国在白民北①。有树名曰雄常②，先入伐帝，于此取之③。

〔注释〕

①肃慎之国：神话中的古国名。袁珂案："《大荒北经》云：'大荒之中，有山名曰不咸。有肃慎氏之国。'《淮南子·地形篇》有肃慎民。"

②雄常：当为"雒棠"，古代传说中的一种树。

③"先入伐帝"两句：若是有圣明的天子继位，这种树便生出树皮，供人们取来做衣服。郭璞注云："其俗无衣服。中国有圣帝代立者，则此木生皮可衣也。"

〔译文〕

肃慎国在白民国的北面。这里有一种树叫雒棠，若是有圣明的天子继位，这种树便生出树皮，供人们取来做衣服。

卷八　海外北经

〔题解〕

《海外北经》主要记载的是中原以外北部地区一些国家的地理位置和当地的风土人情。他们的掌管者是水神禺彊。

本卷出现了许多神话人物,主要记载了钟山之神烛阴的故事、共工之臣相柳氏被大禹杀死,建立众帝之台压制其血腥之气的故事等。其中欧丝之野和三桑无枝的记载,可能是最早的有关我国古代劳动人民桑蚕纺丝的记载。

《海外北经》中最著名的要数夸父逐日的神话,显示了远古人类征服自然的勇气和求索精神,以及坚韧不拔的理想信念。夸父逐日神话,也是中华民族精神的象征。

海外自东北陬至西北陬者。

〔译文〕

海外从东北角到西北角的地方。

无䏿之国在长股东[①],为人无䏿。

〔注释〕

①无臂(qǐ)之国：神话传说中的古国名。毕沅《新校正》云："《说文》无臂字，当为綮(qǐ)，或作启、继皆是。《广雅》作无启，《淮南子》作无继民，高诱注云：'其人盖无嗣也，北方之国也。'"无臂，无继，没有子孙后代。

〔译文〕

无臂国在长股国的东边，这里的人没有子孙后代。

钟山之神①，名曰烛阴②，视为昼，瞑为夜，吹为冬，呼为夏。不饮，不食，不息，息为风③。身长千里。在无臂之东。其为物，人面，蛇身，赤色，居钟山下。

〔注释〕

①钟山：神话传说中的山名，地处极北，为苦寒之地。袁珂案："钟山以其不见日，故常寒，此《大招》之所谓'魂乎无北，北有寒山，逴龙(烛龙)艴只'之'寒山'也。"

②烛阴：神话传说中的神名，即烛龙。郭璞注云："烛龙也。是烛九阴，因名云。"

③息为风：气息化为风。息，气息。

〔译文〕

钟山的山神，名叫烛龙，他的眼睛睁开就是白天，闭上就是夜晚，吹一口气就是冬天，呼一口气就是夏天。他不吃不喝，也不呼吸，一呼吸气息就会化成风。他的身体长达千里。他生活在无臂国的东边。它长着人的脸、蛇的身体，全身红色，居住在钟山下。

一目国在其东[1]，一目，中其面而居[2]。一曰有手足。

〔注释〕

①一目国：神话传说中的古国名。袁珂案："《淮南子·地形训》有一目民。《大荒北经》云：'有人一目，当面中生。一曰是威姓，少昊之子，食黍。'即此。"

②中其面：长在脸的中间。

〔译文〕

一目国在烛龙的东边，这里的人有一只眼睛，长在脸的中间。一说这里的人有手和脚。

柔利国在一目东[1]，为人一手一足，反厀[2]，曲足居上[3]。一云留利之国，人足反折[4]。

〔注释〕

①柔利国：传说中的古国名。袁珂案："《大荒北经》云：'有牛黎之国。有人无骨，儋耳之子。'即柔利国也。牛黎、柔利音皆相近。"

②反厀(xī)：膝盖反生。厀，同"膝"，膝盖。袁珂案："厀，古膝字，宋本、《藏经》本并作膝。"

③曲足居上：一只手和一只脚反折弯曲向上。郭璞注云："一脚一手反卷曲也。"

④足反折：郝懿行《笺疏》云："足反卷曲，有似折也。"

〔译文〕

柔利国在一目国的东边，这里的人长着一只手和一只脚，膝盖反生，一只脚反折弯曲向上。一说是留利国，这里的人们脚反折弯曲。

共工①之臣曰相柳氏②，九首，以食于九山③。相柳之所抵，厥为泽溪。禹杀相柳，其血腥，不可以树五谷种。禹厥之，三仞三沮④，乃以为众帝之台⑤。在昆仑之北，柔利之东。相柳者，九首人面，蛇身而青。不敢北射，畏共工之台。台在其东。台四方，隅有一蛇，虎色⑥，首冲南方⑦。

〔注释〕

①共工：古代传说中的天神。《淮南子·天文训》云："昔者，共工与颛顼争为帝，怒而触不周之山，天柱折，地维绝，天倾西北，故日月星辰移焉。地不满东南，故水潦尘埃归焉。"

②相柳氏：古神话中的人名，传说为共工之臣，亦称"相繇"。《大荒北经》曰："共工臣名曰相繇，九首蛇身，自环，食于九土。"

③九首，以食于九山：九个脑袋分别从九座山上取食。郭璞注云："头各自食一山之物，言贪暴难厌。"

④三仞三沮：三次填埋这里，三次被血膏浸坏。郭璞注云："掘塞之，而土三沮滔，言其血膏浸润坏也。"

⑤乃以为众帝之台：于是在这里修建了几位天帝的高台。郭璞注云："言地润湿，唯可积土以为台观。"众帝之台，袁珂案："众帝，指帝尧、帝喾等古帝。《海内北经》云：'帝尧台、帝喾台、帝丹朱台、帝舜台，各二台，台四方，在昆仑东北。'此所谓'众帝之台'也。"

⑥虎色：即虎文，老虎的斑纹。郝懿行《笺疏》云："虎文也。"

⑦冲：向着，对着。郭璞注云："冲，犹向也。"

〔译文〕

共工的大臣名叫相柳氏，有九个脑袋，分别从九座山上取食。相柳氏所到达的地方，都会形成沼泽和溪谷。禹杀了相柳，他流出来的血十分腥臭，血流经之地不能种植五谷。禹挖掘这块地方，三次填埋，三次被血膏浸坏。于是禹在这里修建了众帝之台。众帝之台在昆仑山的北边、柔利国的东边。相柳氏有九个脑袋，长着人的脸、蛇的身体，全身都是青色的。这里的人们不敢向北方射箭，因为畏惧共工台。共工台在相柳氏的东边，呈四方形，每个角上有一条蛇，长着老虎的斑纹，头向着南方。

深目国在其东①，为人举一手一目。在共工台东。

〔注释〕

①深目国：古代传说中的国名，民皆深目。袁珂案："《淮南子·地形训》有深目民。《大荒北经》云：'有人方食鱼，名曰深目民之国，昐姓，食鱼。'即此。"

〔译文〕

深目国在相柳氏的东边，这里的人都长着一只手、一只眼睛。一说在共工台的东边。

无肠之国在深目东①，其为人长而无肠。

〔注释〕

①无肠之国：传说中的古国名。袁珂案："《大荒北经》云：'又有无肠

之国,是任姓,无继子,食鱼。'《淮南子·地形训》有无肠民。"

〔译文〕

无肠国在深目国的东边,这里的人身材高大,但没有肠子。

聂耳之国在无肠国东[①],使两文虎,为人两手聂其耳[②]。县居海水中[③],及水所出入奇物。两虎在其东。

〔注释〕

①聂耳之国:传说中的古国名。袁珂案:"《大荒北经》云:'有儋耳之国,任姓,禺号子,食谷。'即此。《淮南子·地形训》无聂耳国,而云:'夸父耽耳在其北方。'是耽耳即儋耳,亦即此经聂耳也。"

②两手聂其耳:两只手托举着自己的耳朵。郭璞注云:"言耳长,行则以手摄持之也。"

③县居:悬居,与世隔绝地生活。县,当为"悬"。袁珂案:"《初学记》卷六引此经作'悬居赤水中'。县,悬本字,'县居海水中者',言聂耳国所居乃孤悬于海中之岛也。"

〔译文〕

聂耳国在无肠国的东边,有两只花斑虎供他们使唤,这里的人们用两只手托举着自己的耳朵,与世隔绝地生活在海岛之上,海中经常进出各种奇怪的生物。两只老虎在它的东边。

夸父与日逐走[①],入日[②]。渴欲得饮,饮于河渭,河渭不足,北饮大泽[③]。未至,道渴而死。弃其杖,化为邓林[④]。

〔注释〕

①夸父:古神话中的人名。袁珂案:“《大荒北经》云:‘大荒之中,有山,名曰成都载天。有人珥两黄蛇,把两黄蛇,名曰夸父。后土生信,信生夸父。夸父不量力,欲追日景,逮之于禺谷。将饮河而不足也,将走大泽,未至,死于此。’……而《海内经》记‘听訞生炎居,炎居生节并,节并生戏器,戏器生祝融,祝融生共工,共工生术器’,则夸父者,炎帝之裔也。以义求之,盖古之大人(夸,大。父,男子美称)也。”

②入日:进入太阳炎热的光轮里。

③大泽:河泽名。袁珂案:“毕沅以为即古之瀚海,疑是。”

④邓林:桃林。毕沅《新校正》云:“邓林即桃林也;邓、桃音相近。……盖即《中山经》所云‘夸父之山,北有桃林’矣。其地则楚之北境也。”

〔译文〕

夸父和太阳竞走,进入太阳炎热的光轮里。夸父口渴想要喝水,就去喝黄河和渭水的水,两条河的水不够喝,便想去北面的大泽喝。还没有走到,半路上就渴死了。夸父丢弃的手杖,化成了一片桃林。

博父国在聂耳东①,其为人大,右手操青蛇,左手操黄蛇。邓林在其东,二树木②。一曰博父。

〔注释〕

①博父国:袁珂案:“博父国当即夸父国,此处博父亦当作夸父,《淮南子·地形训》云:‘夸父耽耳在其北。’即谓是也。”

②二树木:两棵树长成一片森林。郝懿行《笺疏》云:“二树木,盖谓邓林二树而成林,言其大也。”

〔译文〕

夸父国在聂耳国的东边，这里的人身形高大，右手拿着青蛇，左手拿着黄蛇。桃林在它的东边，它是由两棵树长成的一片森林。一说是博父国。

禹所积石之山在其东，河水所入。

〔译文〕

禹所积石山在夸父国的东边，是黄河水汇入的地方。

拘瘿之国在其东，一手把瘿。一曰利瘿之国。

〔译文〕

拘瘿国在禹所积石山的东边，这里的人一只手握着自己脖颈上的肉瘤。一说是利瘿国。

寻木长千里①，在拘瘿南，生河上西北。

〔注释〕

①寻木：大木。郭璞《山海经图赞·寻木》："眇眇寻木，生于河边。疏枝千里，上干云天。"

〔译文〕

大木长千里，在拘瘿国的南边，生长在黄河的西北边。

跂踵国在拘瘿东[1]，其为人大，两足亦大。一曰大踵[2]。

〔注释〕

①跂踵(qǐzhǒng)国：传说中的国名。袁珂案：“《淮南子·地形训》有跂踵民，高诱注云：‘跂踵民，踵不至地，以五指行也。’”

②大踵：反踵。郝懿行《笺疏》云：“大踵，疑当为支踵，或反踵，并字形之讹。”袁珂案：“作反踵是也。”

〔译文〕

跂踵国在拘瘿国的东边，这里的人身材高大，两只脚也很大。一说是反踵。

欧丝之野在大踵东，一女子跪据树[1]欧丝[2]。

〔注释〕

①跪据树：跪在树下。

②欧丝：吐丝。欧，同“呕”，吐。袁珂案：“《博物志·异人》云：‘呕丝之野，有女子方跪据树而呕丝，北海外也。’呕丝即欧丝。呕，欧俗字。《说文》八云：‘欧，吐也。’”

〔译文〕

欧丝野在反踵国的东面，一个女子正跪倚在树下吐丝。

三桑无枝[1]，在欧丝东。其木长百仞，无枝。

〔注释〕

①三桑无枝：三棵桑树没有枝叶。袁珂案："《大荒北经》云：'有三桑无枝。'《北次二经》云：'洹山，三桑生之，其树皆无枝，其高百仞。'即此。此无枝之三桑，当即跪据树欧丝女子之所食也。"

〔译文〕

三棵桑树没有枝叶，在欧丝之野的东面。这三棵树高百仞，没有枝叶。

范林方三百里[①]，在三桑东，洲环其下[②]。

〔注释〕

①范林：郝懿行《笺疏》云："范、泛通。《太平御览》五十七卷引顾恺之《启蒙记》曰：'泛林鼓于浪岭。'注云：'西北海有泛林，或方三百里，或百里，皆生海中浮土上，树根随浪鼓动。'即此也。"

②洲环其下：水中的小洲环绕在它的下面。郭璞注云："洲，水中可居者。环，绕也。"

〔译文〕

范林方圆三百里，在三桑的东面，水中的小洲环绕在它的下面。

务隅之山，帝颛顼葬于阳[①]，九嫔葬于阴[②]。一曰爰有熊、罴、文虎、离朱、鸱久、视肉。

〔注释〕

①帝颛顼（zhuānxū）：传说中的上古帝王名，"五帝"之一，号高阳氏。

相传为黄帝之孙、昌意之子，生于若水，居于帝丘。郭璞注云："颛顼，号为高阳，冢今在濮阳，故帝丘也。一曰顿丘县城门外广阳里中。"

②九嫔：颛顼的九个嫔妃。郭璞注曰："嫔，妇。"

〔译文〕

务隅山，帝颛顼葬在山的南面，他的九个嫔妃葬在山的北面。一说这里生活着熊、罴、花斑虎、离朱鸟、鸱久、视肉等动物。

平丘在三桑东。爰有遗玉①、青鸟②、视肉、杨柳、甘柤、甘华，百果所生。有两山夹上谷，二大丘居中，名曰平丘。

〔注释〕

①遗玉：一种玉石。郭璞注云："遗玉，玉石。"吴任臣《广注》云："遗玉即瑿(yī)玉。松枝千年为茯苓，又千年为琥珀，又千年为瑿。《字书》云：'瑿，遗玉也。'是其解也。"

②青鸟：袁珂案："《藏经》本作青马，《海外东经》嗟丘、《淮南子·地形训》华丘亦俱作青马，则作青马是也。"

〔译文〕

平丘在三桑的东面。这里有遗玉、青马、视肉、杨柳树、甘柤树和甘华树，各种野果在这里生长。有两座山夹着上方的山谷，两个大丘处在山谷中，名叫平丘。

卷九　海外东经

〔题解〕

《海外东经》主要记载的是中原以外东部地区一些国家的地理位置和当地的风土人情。他们的掌管者是木神句芒。

本卷主要记载了东部地区的大人国、君子国、青丘国、黑齿国、毛民国等国家。其中君子国生长着一种熏华草，朝生夕死，十分神奇。青丘国盛产九尾狐，是狐仙、狐精文化的滥觞。

《海外东经》记载了汤谷、扶桑和十个太阳的传说，是羲和神话的重要组成部分，也印证了日出东方的自然规律。

海外自东南陬至东北陬者。

〔译文〕

海外从东南角到东北角的地方。

䗂丘[①]，爰有遗玉、青马、视肉、杨柳[②]、甘柤、甘华。甘果所生，在东海。两山夹丘，上有树木。一曰嗟丘。一曰百果所在，在尧葬东。

〔注释〕

①嗟(jiē)丘:郝懿行《笺疏》云:“《淮南·地形训》作华丘。”

②杨柳:袁珂案:“《淮南子·地形训》作杨桃,是也,以下文有‘甘果所生’语。”

〔译文〕

嗟丘,这里有遗玉、青马、视肉、杨桃树、甘柤树、甘华树。甜美的野果在这里生长,在东海岸边。两座山夹着嗟丘,上面生长着树木。一说是嗟丘。一说是各种果实生长的地方,在帝尧所葬之地的东面。

大人国在其北①,为人大,坐而削船②。一曰在嗟丘北。

〔注释〕

①大人国:传说中的巨人之国。袁珂案:“《大荒东经》云:‘东海之外,大荒之中,有山名曰大言,日月所出。有波谷山者,有大人之国。有大人之市,名曰大人之堂。有一大人踆其上,张其两耳。’即此大人国也。《淮南子·地形训》亦有大人国,高诱注云:‘东南墟土,故人大。’”

②坐而削船:坐在那里划船。郝懿行《笺疏》云:“削,当读若稍,削船,谓操舟也。”

〔译文〕

大人国在它的北面,这里的人长得十分高大,正坐在那里划船。一说在嗟丘的北面。

奢比之尸在其北①，兽身、人面、大耳，珥两青蛇。一曰肝榆之尸在大人北。

〔注释〕

①奢比之尸：即奢比尸。奢比，又名奢龙，传说为黄帝之臣。郝懿行《笺疏》云："《管子·五行篇》云：'黄帝得奢龙而辩于东方。'又云：'奢龙辩乎东方，故使为土师。'此经奢比在东海外，疑即是也。"

〔译文〕

奢比尸在大人国的北边，这里的人长着野兽的身体、人的脸，耳朵很大，耳朵上佩挂着两条青蛇。一说肝榆尸在大人国的北边。

君子国在其北①，衣冠带剑，食兽，使二大虎在旁。其人好让不争。有薰华草②，朝生夕死。一曰在肝榆之尸北。

〔注释〕

①君子国：传说中的古国名。袁珂案："《淮南子·地形训》有此国。《大荒东经》云：'有东口之山。有君子之国，其人衣冠带剑。'即此。"

②薰华草：即木堇。郭璞注云："薰，或作堇。"

〔译文〕

君子国在奢比尸的北边，这里的人们穿着衣服，戴着帽子，佩带着剑，以野兽为食，有两只大老虎在身旁供他们驱使。这里的人喜欢礼让，不争不抢。有一种薰华草，早上开花，到了夜晚就枯萎。一说君子国在肝榆尸的北面。

虹虹在其北[1]，各有两首。一曰在君子国北。

〔注释〕

①虹虹：即虹霓，彩虹。郭璞注云："虹，音虹。虹，螮蝀也。"

〔译文〕

虹虹国在它的北面，这里的人都长着两个脑袋。一说在君子国的北面。

朝阳之谷，神曰天吴，是为水伯。在虹虹北两水间。其为兽也，八首人面，八足八尾，皆青黄。

〔译文〕

朝阳谷里的神名叫天吴，他就是水神水伯。在虹虹国北面的两条河流中间。他的形状像野兽，有八个脑袋，长着人的脸，八条腿，八条尾巴，全身呈青黄色。

青丘国在其北，其狐四足九尾。一曰在朝阳北。

〔译文〕

青丘国在它的北面，这里的狐狸长着四只脚、九条尾巴。一说在朝阳谷的北面。

帝命竖亥步[1]，自东极至于西极，五亿十选九千八百步[2]。竖亥右手把算[3]，左手指青丘北。一曰禹令竖亥。一曰五亿十万九千八百步。

〔注释〕

①竖亥：神话传说中的人物。郭璞注云："竖亥，健行人。"

②十选：十万。选，即万。郭璞注云："选，万也。"

③把算：拿着筭（suàn）计数。郝懿行《笺疏》云："亦言图画如此也。算当为筭，《说文》云：'筭长六寸，计历数者。'"

〔译文〕

天帝命竖亥步行测量大地的长度，从最东边到最西边，一共五亿十万九千八百步。竖亥右手拿着筭计数，左手指着青丘的北面。一说大禹命令竖亥测量大地的长度。一说是五亿十万九千八百步。

黑齿国在其北[1]，为人黑[2]，食稻啖蛇，一赤一青，在其旁。一曰在竖亥北，为人黑首，食稻使蛇，其一蛇赤。

〔注释〕

①黑齿国：古国名。郭璞注云："《东夷传》曰：'倭国东四十余里，有裸国，裸国东南有黑齿国，船行一年可至也。"袁珂案："《大荒东经》云：'有黑齿之国。帝俊生黑齿，姜姓，黍食，使四鸟。'《周书·王会篇》云：'黑齿白鹿白马。'即此黑齿国也。《淮南子·地形训》有黑齿民。"

②为人黑：郝懿行《笺疏》云："黑下当脱齿字。"袁珂案："郝说是也。《太平御览》卷三六八、卷七九〇引此经黑下有齿字。"

〔译文〕

黑齿国在它的北面，这里的人都长着黑色的牙齿，以稻谷和蛇为食物，一条红蛇、一条青蛇在他们身旁。一说在竖亥的北面，这里的人脑袋是黑色的，以稻谷和蛇为食物，其中一条蛇是红色的。

下有汤谷①。汤谷上有扶桑②，十日所浴③，在黑齿北。居水中，有大木，九日居下枝，一日居上枝④。

〔注释〕

①汤谷：即旸谷，古代传说日出之处。郭璞注云："谷中水热也。"

②扶桑：神话中的树名。郭璞注云："扶桑，木也。"

③十日所浴：十个太阳洗澡的地方。袁珂案："《大荒南经》云：'东南海之外，甘水之间，有羲和之国。有女子名曰羲和，方浴日于甘渊。羲和者，帝俊之妻，生十日。'即此十日。十日，帝俊之子也。"十日，即十个太阳。

④"九日居下枝"两句：九个太阳住在大树的下枝，一个太阳住在大树的上枝。郭璞注云："《传》曰：'天有十日，日之数十。此云九日居上枝，一日居下枝。'"

〔译文〕

下面有一个汤谷。汤谷之上有一棵扶桑树，那里是十个太阳洗澡的地方，在黑齿国的北面。水中有一棵大树，九个太阳住在大树的下枝，一个太阳住在大树的上枝。

雨师妾在其北①。其为人黑，两手各操一蛇，左耳有青蛇，右耳有赤蛇。一曰在十日北，为人黑身人面，各操一龟。

〔注释〕

①雨师妾:古代神话中的国名。郝懿行《笺疏》云:“雨师妾盖亦国名。”

〔译文〕

雨师妾在汤谷的北面。这里的人长得很黑,两只手各拿着一条蛇,左耳佩挂一条青蛇,右耳佩挂一条红蛇。一说在十个太阳的北面,这里的人全身黑色,长着人的脸,两只手各拿着一只乌龟。

玄股之国在其北①。其为人衣鱼②,食鴎③,使两鸟夹之。一曰在雨师妾北。

〔注释〕

①玄股之国:传说中的古国名。郭璞注云:“髀以下尽黑,故云。”袁珂案:“《淮南子·地形训》有玄股民。《大荒东经》云:‘有招摇山,融水出焉。有国曰玄股,黍食,使四鸟。’即此。”

②衣鱼:用鱼皮来做衣服。郭璞注云:“以鱼皮为衣也。”

③食鴎(ōu):以鸥鸟为食。鴎,古“鸥”字。

〔译文〕

玄股国在它的北面。这里的人穿着鱼皮做的衣服,以鸥鸟为食,让两只鸟夹在他们身边。一说在雨师妾的北面。

卷十　海内南经

〔题解〕

《海内南经》主要记载了海内地区东南角以西地区的一些国家、山川和风俗物产。根据瓯、闵、桂林八树、番隅、巴等地名可知，其范围大概是今天的福建、广东、广西、四川等地。另外还有匈奴、开题国、列人国等北方国家和部落的存在。

文中有一段关于夏后启的大臣孟涂在巴地受理诉讼之事的记载，可知我国远在夏商初期就有了司法诉讼等国家机构。还有一段“巴蛇食象”的记载，可能是“贪心不足蛇吞象”这个俗语最早的由来。

海内东南陬以西者。

〔译文〕

海内地区东南角以西的地方。

瓯居海中。闽在海中，其西北有山。一曰闽中山在海中。

〔译文〕

瓯位于大海中。闽也位于大海中。它们的西北有一座山，一说闽中山在大海中。

三天子鄣山在闽西海北[①]。一曰在海中。

〔注释〕

①三天子鄣山在闽西海北：三天子鄣山在闽的西面，大海的北面。郭璞注云："今在新安歙县东，今谓之三王山，浙江出其边也。"

〔译文〕

三天子鄣山在闽的西面、大海的北面。一说在大海之中。

桂林八树在番隅东。

〔译文〕

桂林八树在番隅的东面。

伯虑国[①]、离耳国[②]、雕题国[③]、北朐国[④]皆在郁水南。郁水出湘陵南海。一曰相虑[⑤]。

〔注释〕

①伯虑国：神话传说中的古国名。郭璞注云："未详。"

②离耳国：神话传说中的古国名。郭璞注云："锼离其耳，分令下垂以为饰，即儋耳也，在朱崖海渚中。不食五谷，但噉蚌与藷芎也。"《山海经·

大荒北经》亦云:“有儋耳之国,任姓,禺号子,食谷。”

③雕题国:神话传说中的古国名。《楚辞·招魂》:“雕题黑齿。”王逸注云:“言南极之人。雕画其额,齿牙尽黑,常食蠃蜯。”

④北朐(qú)国:神话传说中的古国名。郝懿行《笺疏》云:“疑即北户也。……《尔雅·释地》四荒有北户,郭注云:‘北户在南。’”

⑤一曰相虑:一说是相虑国。毕沅《新校正》云:“相字当为柏字,伯虑一作柏虑也。”

〔译文〕

伯虑国、离耳国、雕题国、北朐国都在郁水的南边。郁水从湘陵南海流出。一说是相虑国。

枭阳国在北朐之西。其为人人面长唇,黑身有毛,反踵,见人笑亦笑,左手操管。

〔译文〕

枭阳国在北朐国的西面。这里的人长着人的面孔,嘴唇很长。黑色的身体上有毛,脚后跟反向生长,见到人笑也跟着笑,左手拿着一个竹筒。

兕在舜葬东,湘水南。其状如牛,苍黑,一角。

〔译文〕

兕在舜的墓葬的东面,湘水的南面。它的形状像牛,全身青黑,有一只角。

苍梧之山[1]，帝舜葬于阳，帝丹朱葬于阴。

〔注释〕

①苍梧之山：山名。郭璞注云："（苍梧），即九嶷山也。《礼记》亦曰：'舜葬苍梧之野。'"《山海经·海内经》云："南方苍梧之丘，苍梧之渊，其中有九嶷山，舜之所葬，在长沙零陵界中。"

〔译文〕

苍梧山，帝舜埋葬在它的南面，帝丹朱埋葬在它的北面。

氾林方三百里，在狌狌东。

〔译文〕

氾林方圆三百里，在猩猩的东面。

狌狌知人名[1]，其为兽如豕而人面，在舜葬西。

〔注释〕

①狌狌知人名：猩猩知道人的名字。《淮南子·氾论训》云："猩猩知往而不知来。"高诱注云："猩猩，北方兽名，人面兽身，黄色。《礼记》曰：'……见人狂走，则知人姓字。'此知往也。又嗜酒，人以酒搏之，饮而不耐息，不知当醉，以禽其身，故曰'不知来'也。"

〔译文〕

猩猩知道人的名字，这种怪兽像猪，长着人的脸，在舜的墓葬的西面。

狌狌西北有犀牛，其状如牛而黑。

〔译文〕

猩猩的西北方有犀牛，它的形状像牛，全身黑色。

夏后启之臣曰孟涂[①]，是司神于巴[②]。人请讼于孟涂之所，其衣有血者乃执之[③]。是请生[④]。居山上，在丹山西。丹山在丹阳南，丹阳居属也。

〔注释〕

①孟涂：古代传说中的人名。

②司神于巴：在巴地做掌管司法的神。郭璞注云："听其狱讼，为之神主。"

③其衣有血者乃执之：即衣服上有血迹的人就抓起来。郭璞注云："不直者则血见于衣。"执，捉拿。

④是请生：指有好生之德。郭璞注云："言好生也。"

〔译文〕

夏启的大臣叫孟涂，是巴地掌管司法的神。巴人在他那里打官司，他把衣服上有血迹的人抓起来，这样算是有好生之德。他居住在山上，这座山在丹山的西面。丹山在丹阳的南面，丹阳是巴的属地。

窫窳龙首[①]，居弱水中，在狌狌知人名之西。其状如龙首，食人[②]。

〔注释〕

①窫窳(yàyǔ):古代传说中一种吃人的怪兽。郭璞注云:“窫窳,本蛇身人面,为贰负臣所杀,复化而成此物也。”

②“其状如龙首”两句:郝懿行《笺疏》云:“刘逵注《吴都赋》引此经云:‘南海之外,有猰貐,状如貙,龙首,食人。’”袁珂按:“据《吴都赋》刘逵注引此经,‘其状如’下,当有‘貙’字,‘状如龙首’,则不词矣。”

〔译文〕

窫窳长着龙的脑袋,居住在弱水之中,在狌狌知人名的西面。它的形状像貙,长着龙头,吃人。

有木,其状如牛,引之有皮,若缨、黄蛇①。其叶如罗②,其实如栾③,其木若蓲④,其名曰建木⑤。在窫窳西弱水上。

〔注释〕

①“引之有皮”两句:牵引它就会有树皮掉下来,像缨带,又像黄蛇。缨,缨带。郭璞注云:“言牵之皮剥如人冠缨及黄蛇状也。”

②其叶如罗:它的叶子像网罗。罗,即网罗。《淮南子·氾论训》云:“伯余之初作衣也,緂麻索缕,手经指挂,其成犹网罗。”

③栾:栾树。郭璞注云:“栾,木名,黄本,赤枝,青叶,生云雨山。或作卵,或作麻。”

④蓲(oū):树木名。郝懿行《笺疏》云:“蓲,刺榆也。”

⑤建木:神话传说中的树木名。郭璞注云:“建木青叶,紫茎,黑华,黄实,其下声无响,立无影也。”《淮南子·地形训》云:“建木在都广,众帝所自上下,日中无景,呼而无响,盖天地之中也。”

〔译文〕

有一种树木，它的形状像牛，牵引它就会有树皮掉下来，像缨带，又像黄蛇。它的叶子像网罗，它的果实像栾树的果实，它的木质像苉，它的名字叫建木。处在窫窳西面的弱水边上。

氐人国在建木西①，其为人人面而鱼身②，无足。

〔注释〕

①氐人国：神话传说中的古国名。郝懿行《笺疏》云："互人国即《海内南经》氐人国。"

②人面而鱼身：长着人的脸、鱼的身体。郭璞注云："尽胸以上人，胸以下鱼也。"袁珂案："氐人国民，盖神话中人鱼之类也。"

〔译文〕

氐人国在建木的西面，这里的人长着人的脸、鱼的身体，没有脚。

巴蛇食象①，三岁而出其骨，君子服之无心腹之疾。其为蛇青黄赤黑。一曰黑蛇青首，在犀牛西。

〔注释〕

①巴蛇食象：巴蛇吞象。郭璞注云："今南方蚒蛇吞鹿，鹿已烂，自绞于树腹中。骨皆穿鳞甲间出，此其类也。"

〔译文〕

巴蛇吞象，三年之后才排出骨头，有德行的人服用它，就不会有心痛、腹痛的疾病。这种蛇的身上有青、黄、红、黑多种颜色。一说是黑色的蛇，长着青色的脑袋，在犀牛的西面。

旄马[1]，其状如马，四节有毛[2]。在巴蛇西北，高山南。

〔注释〕

①旄马：传说中的兽名。郭璞注云："《穆天子传》所谓豪马者。亦有旄牛。"

②四节：马腿的四个关节。

〔译文〕

旄马，它的形状像马，马腿的四个关节有毛。在巴蛇的西北，高山的南面。

卷十一　海内西经

〔题解〕

《海内西经》主要记述了今天我国西南地区以北的一些河流山脉、风土地貌和神话传说，包括山西、陕西北部和河西走廊地区，还介绍了当时西北少数民族东胡、夷人和氐人的生活情况。

昆仑山是《海内西经》重点描写的山脉，介绍了它的高大雄伟，以及山上各种守护它的神树与神兽，还有圣木曼兑、鸟秩树、诵鸟等神异的动植物。

昆仑山一直以来就是各种神话传说的发源之地，山上的各种玉树神鸟，更为它增添了神圣感和神秘感。

海内西南陬以北者。

〔译文〕

海内地区西南角以北的地方。

大泽方百里，群鸟所生及所解[①]。在雁门北。

〔注释〕

①群鸟所生及所解：是鸟群孵化幼鸟、脱毛换羽的地方。生，繁衍。解，羽毛脱落。郭璞注云："百鸟于此生乳，解之毛羽。"

〔译文〕

大泽方圆百里，是鸟群孵化幼鸟、脱毛换羽的地方。在雁门山的北面。

雁门山[①]，雁出其间。在高柳北[②]。

〔注释〕

①雁门山：山名，在今山西代县西北。郝懿行《笺疏》云："《淮南·地形训》云：'烛龙在雁门北，蔽于委羽之山。'疑委羽山即雁门山之连麓，委羽亦即解羽之义。"

②高柳：山名。毕沅《新校正》云："（高柳）山在今山西代州北三十五里。"

〔译文〕

雁门山，大雁从这里南北来往。在高柳山的北面。

高柳在代北。

〔译文〕

高柳山在代州的北面。

后稷之葬，山水环之。在氐国西①。

〔注释〕

①氐国：即氐人国。

〔译文〕

后稷埋葬的地方，有山水环绕。在氐人国的西面。

流黄酆氏之国①，中方三百里。有涂四方②，中有山。在后稷葬西。

〔注释〕

①流黄酆（fēng）氏：古代传说中的国名。袁珂案："《海内经》云：'有国名流黄辛氏，其域中方三百里。其出是尘。有巴遂山，绳水出焉。'《淮南子·地形训》云：'流黄沃民在其北，方三百里。'即此国。民字或氏字之讹。"

②有涂四方：有道路通往四方。涂，同"途"，道路。

〔译文〕

流黄酆氏国，国中方圆三百里。有道路通往四方，国中有一座山。这个国家在后稷墓葬的西面。

流沙出钟山①，西行又南行昆仑之虚，西南入海、黑水之山。

〔注释〕

①流沙：流动的沙漠。《楚辞·招魂》云："西方之害，流沙千里。"王逸

注云:“流沙,沙流而行也。”

〔译文〕

流沙发源于钟山,向西流动,又向南经过昆仑山,之后又向西南流入大海,直到黑水山。

海内昆仑之虚,在西北,帝之下都。昆仑之虚,方八百里,高万仞。上有木禾①,长五寻②,大五围。面有九井,以玉为槛③。面有九门,门有开明兽守之,百神之所在。在八隅之岩④,赤水之际,非仁羿莫能上冈之岩⑤。

〔注释〕

①木禾:传说中一种高大的谷类植物。郭璞注云:“木禾,谷类也,生黑水之阿,可食。见《穆天子传》。”

②寻:古代的长度单位,一寻等于八尺。

③槛:围栏,栏杆。郭璞注云:“槛,栏。”

④八隅之岩:八个角落的岩穴之间。郭璞注云:“在岩间也。”袁珂案:“谓百神居处昆仑八隅岩穴之间。”

⑤非仁羿莫能上冈之岩:不是像后羿一样的仁德之人或有才能本领的人不能登上这座高险的山岩。郭璞注云:“言非仁人及有才艺如羿者,不能登此山之冈岭巉岩也。羿尝请药西王母,亦言其得道也。羿,一或作‘圣’。”

〔译文〕

海内之地的昆仑山,在西北方,是天帝的陪都。昆仑山方圆八百里,高八千丈。山上生长着一种木禾,长四丈,有五围之粗大。山的每一面都有九口井,每口井都用玉石做围栏。每一面都有九道门，门口有开明兽守卫在那里，那是百神聚集的地方。在八个角落的岩穴之间，赤水岸边，不是像后羿一样的仁德之人或有才能本领的人，是不能登上这座山高险的山岩的。

赤水出东南隅，以行其东北。

〔译文〕

赤水从昆仑山东南角发源，流向东北。

河水出东北隅，以行其北，西南又入渤海，又出海外，即西而北，入禹所导积石山。

〔译文〕

黄河水从昆仑山东北角发源，向北流出，又从西南方向流入渤海，又流往海外，从西边流向北边，进入禹所疏导的积石山。

洋水①、黑水②出西北隅，以东，东行，又东北，南入海，羽民南。

〔注释〕

①洋水：水名，又名漾水。袁珂案："《书·禹贡》云：'嶓冢导漾，东流为汉。'即此洋水也。"

②黑水：水名。《尚书·禹贡》云："黑水西河惟雍州。"又云："导黑水至于三危，入于南海。"

〔译文〕

洋水、黑水发源于昆仑山的西北角，向东流，再向东北，又向南流入大海，在羽民国的南面。

弱水①、青水出西南隅，以东，又北，又西南，过毕方鸟东。

〔注释〕

①弱水：古水名。

〔译文〕

弱水、青水从昆仑山的西南角发源，向东流，再向北流，又流向西南，流经毕方鸟的东面。

昆仑南渊深三百仞①。开明兽身大，类虎而九首，皆人面，东向立昆仑上。

〔注释〕

①昆仑南渊：昆仑山南面的深渊。郝懿行《笺疏》云："即《海内北经》云'从极之渊，深三百仞'者也。"

〔译文〕

昆仑山南渊，深三百仞。开明兽身形高大，形状像老虎，长着九个脑袋，每个脑袋上长着人的脸，向东站立在昆仑山上。

开明西有凤皇、鸾鸟，皆戴蛇践蛇，膺有赤蛇。

〔译文〕

开明兽的西边有凤凰和鸾鸟，他们头上都戴着蛇，脚上踩着蛇，胸前还挂着红色的蛇。

开明北有视肉、珠树、文玉树[①]、玗琪树[②]、不死树[③]。凤皇、鸾鸟皆戴瞂[④]。又有离朱、木禾、柏树、甘水[⑤]、圣木曼兑[⑥]。一曰挺木牙交[⑦]。

〔注释〕

①文玉树：传说中的五彩玉树。郭璞注云："五彩玉树。"

②玗(yú)琪树：传说中的赤玉树。郭璞注云："玗琪，赤玉属也。"

③不死树：神话传说中的一种树，人食之可得长生。郭璞注云："言长生也。"

④瞂(fá)：盾牌。郭璞注云："音伐，盾也。"

⑤甘水：即醴泉，传说中的水名。郭璞注云："即醴泉也。"《史记·大宛列传》云："《禹本纪》言：'河出昆仑。昆仑其高二千五百余里，日月所相避隐为光明也。其上有醴泉、瑶池。'"

⑥圣木曼兑：古代传说中的一种神树。郭璞注云："食之令人智圣也。"

⑦挺木牙交：古代传说中的一种神树。郭璞注云："《淮南》作璇树。璇，玉类也。"

〔译文〕

开明兽的北面有视肉、三株树、文玉树、玗琪树、不死树。凤凰、鸾鸟都佩带着盾牌。又有离朱鸟、木禾、柏树、醴泉和圣木曼兑。一说是挺木牙交。

开明东有巫彭、巫抵、巫阳、巫履、巫凡、巫相[①]，夹窫窳之尸，皆操不死之药以距之[②]。窫窳者，蛇身人面，贰负臣所杀也。

〔注释〕

①巫彭、巫抵、巫阳、巫履、巫凡、巫相：均指巫师。郭璞注云："皆神医也。"

②距：郭璞注云："为距却死气，求更生。"

〔译文〕

开明兽的东面有巫彭、巫抵、巫阳、巫履、巫凡、巫相等巫师，他们环绕着窫窳的尸体，拿着不死药距却死气，想让他复生。窫窳长着蛇的身体、人的面孔，被贰负臣所杀。

卷十二　海内北经

〔题解〕

《海内北经》主要记载了今天我国西北地区以东的一些国家、山川和风俗物产。包括西北的西王母、犬戎国、鬼国以及东北方的燕国、盖国、朝鲜和倭国，一直到山东半岛的蓬莱山和姑射国。

文中记载了许多怪兽，如文马、蜪犬、穷奇、阘非、环狗和驺吾等。还记载了许多神话人物和神话传说，如梯几戴胜的西王母、河伯冯夷，以及舜的妻子登比氏生两神女宵明和烛光的故事。其中记载的对据比之尸、王子夜之尸和袜的描写，则为这一地区增添了恐怖色彩。

海内西北陬以东者。

〔译文〕

海内地区西北角以东的地方。

蛇巫之山，上有人操柸而东向立[①]。一曰龟山。

〔注释〕

①操柸(bēi):拿着木棒。郭璞注云:“柸或作棓(bàng),字同。”郝懿行《笺疏》云:“《太平御览》三百五十七卷引服虔《通俗文》曰:‘大枚曰棓。’”

〔译文〕

蛇巫山,山顶有人拿着木棒面向东方站立。一说是龟山。

西王母梯几而戴胜杖[①]。其南有三青鸟,为西王母取食。在昆仑虚北。

〔注释〕

①梯几:倚靠着案几。梯,倚靠。郭璞注云:“梯,谓冯也。”冯,同“凭”,凭借。

〔译文〕

西王母靠着案几,头上戴着玉胜。南边有三只青鸟,专门给西王母觅取食物。它们在昆仑山的北边。

有人曰大行伯,把戈[①]。其东有犬封国[②]。贰负之尸在大行伯东。

〔注释〕

①把戈:手里拿着戈。

②犬封国:古代传说中的国名。郭璞注云:“昔盘瓠杀戎王,高辛以美

女妻之。不可以训，乃浮之会稽东海中，得三百里地封之，生男为狗，女为美人，是为狗封之国也。”

〔译文〕

有人叫大行伯，手里拿着戈。它的东边有犬封国。贰负的尸体在大行伯的东边。

犬封国曰犬戎国①，状如犬。有一女子，方跪进柸食②。有文马，缟身朱鬣，目若黄金，名曰吉量，乘之寿千岁。

〔注释〕

①犬戎国：传说中的古国名。袁珂案：“封、戎音近，故犬封国得称犬戎国。……《伊尹四方令》云：‘正西昆仑狗国。’《淮南子·地形训》云：‘狗国在其(建木)东。’则狗国之传说实起源于西北，然后始渐于东南也。”

②进柸食：进奉酒食。柸，又作“桮”，同杯。郭璞注云：“与酒食也。”

〔译文〕

犬封国又叫犬戎国，这里的人形状像狗。有一个女子，正跪在地上进奉酒食。有一种带有文彩的马，全身呈白色，长着红色的鬃毛，眼睛像黄金，名叫吉量，骑乘它人就可以活到一千岁。

鬼国在贰负之尸北①，为物人面而一目。一曰贰负神在其东，为物人面蛇身。

〔注释〕

①鬼国：神话传说中的北方古国名。袁珂案：“即一目国，已见《海外

北经》。《大荒北经》亦云：‘有人一目，当面中生。一曰是威姓，少昊之子，食黍。’即此国也。威、鬼音相近。”

〔译文〕

鬼国在贰负之尸的北边，那里的人长着人的面孔，只有一只眼睛。一说贰负神在鬼国的东边，它长着人的面孔、蛇的身体。

蜪犬如犬[①]，青，食人从首始。

〔注释〕

①蜪（táo）犬：兽名。袁珂案：“《说文》十三云：‘北方有蚼（gǒu）犬，食人。’本此。”

〔译文〕

蜪犬像狗，全身青色，吃人从头部开始。

穷奇状如虎，有翼，食人从首始。所食被发[①]。在蜪犬北。一曰从足。

〔注释〕

①所食被发：被吃的那个人披散着头发。

〔译文〕

穷奇的形状像老虎，有翅膀，吃人从头部开始。被吃的人披散着头发。在蜪犬的北边。一说从脚开始吃。

帝尧台、帝喾台、帝丹朱台、帝舜台,各二台,台四方,在昆仑东北。

〔译文〕

帝尧台、帝喾台、帝丹朱台、帝舜台,各有两座高台,高台呈四方形,在昆仑山的东北边。

大蜂其状如螽[①]。朱蛾其状如蛾[②]。

〔注释〕

①螽:虫名,即螽斯。

②蛾(yǐ):蚂蚁。郭璞注云:"蛾,蚍蜉也。《楚辞》曰:'玄蜂如壶,赤蛾若象。'谓此也。"

〔译文〕

大蜂,它的形状像螽斯。朱蛾,它的形状像蚂蚁。

蟜[①],其为人虎文,胫有綮。在穷奇东。一曰状如人,昆仑虚北所有。

〔注释〕

①蟜(jiǎo):本指古书上说的一种毒虫,文中指形貌怪异之人。

〔译文〕

蟜,这种人身上长着老虎一样的斑纹,小腿上有强健的筋肉。在穷奇的东边。一说它的形状像人,昆仑山的北边才有。

阘非①,人面而兽身,青色。

〔注释〕

①阘(tà)非:传说中的怪物。

〔译文〕

阘非,长着人的脸、野兽的身体,全身呈青色。

据比之尸①,其为人折颈被发,无一手。

〔注释〕

①据比:郭璞注云:"一云掾(yuàn)比。"郝懿行《笺疏》云:"掾比,一本作掾北。"袁珂案:"《淮南子·地形训》云:'诸比,凉风之所生也。'高诱注:'诸比,天神也。'疑此诸比即据比、掾比(北)。诸、据、掾,一声之转。"

〔译文〕

据比尸,这个人脖子被折断,披散着头发,没有一只手。

环狗①,其为人兽首人身。一曰猬状如狗,黄色。

〔注释〕

①环狗:神话传说中的怪兽名。袁珂案:"观其形状,盖亦犬戎、狗封之类。"

〔译文〕

环狗,这种怪物长着野兽的脑袋、人的身体。一说是猬,形状像狗，全身黄色。

袜[①]，其为物人身，黑首，从目[②]。

〔注释〕

①袜（mèi）：同“魅”，鬼魅。郭璞注云：“袜，即魅也。”郝懿行《笺疏》云：“魑魅，汉碑作褵袜。”

②从（zòng）目：即竖目。

〔译文〕

袜，这种怪物长着人的身体，黑色的脑袋，眼睛是竖着长的。

戎[①]，其为人人首三角。

〔注释〕

①戎：人名。郝懿行《笺疏》云：“《周书·史记篇》云：‘昔有林氏，召离戎之君而朝之。’或单呼为戎，又与林氏国相比，疑是也。”

〔译文〕

戎，这类人长着人的脑袋，头上有三个角。

林氏国有珍兽[①]，大若虎，五采毕具，尾长于身，名曰驺吾[②]，乘之日行千里。

〔注释〕

①林氏国：古代传说中的国名。郝懿行《笺疏》云：“《周书·史记篇》

云：‘昔有林氏，召离戎之君而朝之。’又云：‘林氏与上衡氏争权，俱身死国亡。’即此国也。”

②驺（zōu）吾：传说中的一种仁兽，即驺虞。

〔译文〕

林氏国有一种珍奇的野兽，体型壮大像老虎，身上五种文彩兼具，尾巴比身体长，名叫驺吾，乘坐它可以日行千里。

昆仑虚南所，有氾林，方三百里。

〔译文〕

昆仑山的南边，有一片氾林，方圆三百里。

从极之渊深三百仞[①]，维冰夷恒都焉[②]。冰夷人面，乘两龙。一曰忠极之渊。

〔注释〕

①从极之渊：深渊名。袁珂案：“《文选·江赋》李善注引此经作从极之川。”

②冰夷：即冯（píng）夷，传说中的河神。郭璞注云：“《淮南》云：‘冯夷得道，以潜大川。’即河伯也。《穆天子传》所谓‘河伯无夷’者，《竹书》作‘冯夷’，字或作‘冰’也。”

〔译文〕

从极渊深达三百仞，河伯冯夷常居住在这里。冯夷长着人的面孔，驾着两条龙。一说是忠极渊。

阳汙之山①，河出其中。凌门之山，河出其中。

〔注释〕

①阳汙(wū)之山：山名。《穆天子传》云："至于阳纡之山，河伯无夷之所都居。"

〔译文〕

阳汙山，黄河水从这座山发源。凌门山，黄河水从这座山发源。

王子夜之尸，两手、两股、胸、首、齿，皆断异处。

〔译文〕

王子夜的尸体，两只手、两条腿、胸部、头和牙齿，都被斩断分散在不同的地方。

舜妻登比氏①，生宵明、烛光②，处河大泽。二女之灵能照此所方百里。一曰登北氏。

〔注释〕

①登比氏：袁珂案："《尸子》卷下云：'(尧)妻之(舜)以媓，媵之以娥。'此二妃皆尧女，所谓娥皇、女英者是也。《礼记·檀弓上》云：'舜葬苍梧，盖三妃未之从也。'郑玄注：'舜有三妃。'则除上所说二妃而外，另一盖即此登比氏也。罗泌《路史》亦以三妃为娥肓(娥皇)、女莹(女英)、癸比(登比)，是也。"

②宵明、烛光：人名，舜的两个女儿。郭璞注云："即二女字也，以能光

照，因名云。”

〔译文〕

舜的妻子登比氏生了宵明、烛光两个女儿，居住在河水附近的大泽之中。两个女儿的灵光，能够照亮大泽方圆百里的地方。一说是登北氏。

盖国①，在钜燕南②，倭北③。倭属燕。

〔注释〕

①盖国：古代传说中的国名。郝懿行《笺疏》云：“《魏志·东夷传》云：‘东沃沮在高句丽盖马大山之东。’……今案盖马，疑本盖国地。”

②钜燕：大燕。钜，同“巨”，大。

③倭：国名。郭璞注云：“倭国在带方东大海内，以女为主。其俗露紒，衣服无针功，以丹朱涂身。不妒忌，一男子数十妇也。”

〔译文〕

盖国在大燕的南边，倭国的北边。倭国隶属于燕。

卷十三　海内东经

〔题解〕

《海内东经》记载了今天我国东北以南地区的一些国家、山川和风俗物产。大体上包括古代燕国、朝鲜以南的渤海海域和山东半岛地区。但文中还提到了西北沙漠地区的大夏、竖沙、居繇、月支等国家,还有昆仑山、白玉山等西北地区的山脉。

文中有一段关于雷泽和雷神的记载,大概在今天的江苏地区。还有一段琅琊山和琅琊台的记载,是当年越王勾践称霸中原后的见证。

海内东北陬以南者。

〔译文〕

海内地区东北角以南的地方。

钜燕在东北陬。

〔译文〕

大燕在东北角。

国在流沙中者埻端[1]、玺㬇[2]，在昆仑虚东南。一曰海内之郡，不为郡县[3]，在流沙中。

〔注释〕

①埻（guó）端：传说中的古国名，位于西域沙漠之中。

②玺㬇（huàn）：传说中的古国名。

③不为郡县：不设置郡县。

〔译文〕

国家在流沙之中的有埻端、玺㬇，它们都在昆仑山的东南。一说海内的郡，凡是在流沙中的，都不设置郡县。

国在流沙外者，大夏[1]、竖沙[2]、居繇[3]、月支之国[4]。

〔注释〕

①大夏：古国名。郭璞注云："大夏国城方二三百里，分为数十国，地和温，宜五谷。"《周书·王会篇》云："大夏兹白牛。"孔晁注云："大夏，西北戎。"

②竖沙：传说中的古国名。

③居繇：古国名。袁珂案："《三国志·魏志·乌丸鲜卑东夷传》注引《魏略》作属繇国。"

④月支之国：亦作"月氏"，古国名，曾于西域建月氏国。郭璞注云："月支国多好马、美果，有大尾羊如驴尾，即羬羊也。小月支、天竺国皆附庸云。"

〔译文〕

国家在流沙以外的，有大夏国、竖沙国、居繇国和月支国。

西胡[1]白玉山在大夏东[2]，苍梧在白玉山西南[3]，皆在流沙西，昆仑虚东南。昆仑山在西胡西。皆在西北。

〔注释〕

①西胡：古代对葱岭内外西域各族的泛称。匈奴居中，称胡或北胡；乌桓、鲜卑在匈奴东，称东胡；西域各族在匈奴西，称西胡。

②西胡白玉山：郝懿行《笺疏》云："《三国志》注引《魏略》云：'大秦西有海水，海水西有河水，河水西南北行有大山，西有赤水，赤水西有白玉山，白玉山西有西王母。'今案大山盖即昆仑也，白玉山、西王母皆国名。"

③苍梧：郝懿行《笺疏》云："此别一苍梧，非南海苍梧也。"

〔译文〕

西胡白玉山在大夏国的东边，苍梧在白玉山的西南，都在流沙的西边，昆仑山的东南边。昆仑山在西胡的西边。它们都在西北。

雷泽[1]中有雷神[2]，龙身而人头，鼓其腹。在吴西。

〔注释〕

①雷泽：神话传说中雷神的居处。

②雷神：神话中主管打雷的神，俗称雷公。袁珂案："《大荒东经》云：'东海中有流波山，入海七千里。其上有兽，状如牛，苍身而无角，一足，出入水则必风雨。其光如日月，其声如雷，其名曰夔，黄帝得之，以其皮为鼓，橛以雷兽之骨，声闻五百里，以威天下。'郭璞注：'雷兽，即雷神也，人面龙身。鼓其腹者，犹击也。'即此雷神也。"

〔译文〕

雷泽中生活着雷神，他长着龙的身体、人的脑袋，敲打他的肚子就会打雷。雷神在吴地的西边。

都州在海中①。一曰郁州②。

〔注释〕

①都州：山名。毕沅《新校正》云："《水经注》引此作郁山。刘昭注《郡国志》与经文同。"

②郁州：山名。郭璞注云："今在东海朐县界，世传此山自苍梧从南徙来，上皆有南方物也。"

〔译文〕

都州在大海中。一说为郁州。

琅邪台在渤海间①，琅琊之东。其北有山②。一曰在海间。

〔注释〕

①琅邪台：台名，在今山东琅邪山上。郭璞注云："今琅邪在海边，有山嶕峣(jiāoyáo)特起，状如高台，此即琅邪台也。琅邪者，越王勾践入霸中国之所都。"

②其北有山：它的北边有一座山。郝懿行《笺疏》云："琅邪台在今沂州府，其东北有山，盖劳山也。劳山在海间，一曰牢山。"

〔译文〕

琅邪台在渤海之中，琅邪山的东边。它的北边有一座山。

一说在大海之中。

韩雁在海中①，都州南。

〔注释〕

①韩雁：历来说法不一。郝懿行《笺疏》云："韩雁，盖三韩古国名。韩有三种，见《魏志·东夷传》。"袁珂案："韩雁、始鸠，或国名，或鸟名，未易定也。"

〔译文〕

韩雁在大海之中，都州的南边。

始鸠在海中①，辕厉南②。

〔注释〕

①始鸠：神话传说中的国名。一说鸟名。郭璞注云："国名。或曰鸟名也。"

②辕厉：郝懿行《笺疏》云："辕历，疑即韩雁之讹也，辕、韩，雁、历，并字形相近。"

〔译文〕

始鸠在大海之中，韩雁的南边。

会稽山在大越南。

〔译文〕

会稽山在大越的南边。

岷三江：首大江出汶山[1]，北江出曼山，南江出高山。高山在城(成)都西。入海，在长州[2]南。

〔注释〕

①汶山：古山名。郭璞注云："今江出汶山郡升迁县岷山，东南经蜀郡犍为至江阳，东北经巴东、建平、宜都、南郡、江夏、弋阳、安丰至庐江南界，东北经淮南、下邳至广陵郡入海。"

②长州：古地名。吕调阳《海内经附传》云："长州在如皋东，即崇明岛。"

〔译文〕

岷三江：第一条大江发源于汶山，北江发源于曼山，南江发源于高山。高山在城都的西边。南江流入大海，在长州的南边。

浙江出三天子都[1]，在其(蛮)东。在闽西北，入海，余暨[2]南。

〔注释〕

①浙江：水名，即钱塘江。郭璞注云："按《地理志》：'浙江出新安黟(yī)县南蛮中，东入海。'今钱塘浙江是也。黟即歙也。"

②余暨：古地名。郭璞注云："余暨县属会稽，今为永兴县。"

〔译文〕

浙江发源于三天子都山，在山的东边。在闽的西北方向流入大海，流经余暨的南边。

庐江出三天子都，入江，彭泽西[①]。一曰天子鄣。

〔注释〕

①彭泽：泽名，即今鄱阳湖，在江西北部。又名彭湖、彭蠡。郭璞注云："彭泽，今彭蠡也，在寻阳彭泽县。"

〔译文〕

庐江发源于三天子都山，在鄱阳湖的西边流入长江。一说为天子鄣。

淮水出余山，余山在朝阳东[①]，义乡西[②]。入海，淮浦北[③]。

〔注释〕

①朝阳：古地名。郭璞注云："朝阳县今属新野。"

②义乡：古地名。吕调阳《海内经附传》云："义乡即义阳也，今信阳州。"

③淮浦：水泽名。吕调阳《海内经附传》云："淮浦，今洪泽湖。"

〔译文〕

淮水发源于余山，余山位于朝阳县的东边、义乡的西边。淮水在洪泽湖的北边流入大海。

湘水出舜葬东南陬，西环之。入洞庭下[①]。一曰东南西泽。

〔注释〕

①洞庭:即今洞庭湖。郭璞注云:“洞庭,地穴也,在长沙巴陵。今吴县南太湖中有包山,下有洞庭,穴道潜行水底,云无所不通,号为地脉。”

〔译文〕

湘水发源于舜墓葬之地的东南角,向西环绕着山,流入洞庭湖之下。一说为东南西泽。

汉水出鲋鱼之山①,帝颛顼葬于阳,九嫔葬于阴,四蛇卫之。

〔注释〕

①鲋鱼之山:山名,在今河南清丰县顿丘故城西北。一名高阳山,又名青冢山,传说帝颛顼高阳氏葬于此山之阳。

〔译文〕

汉水发源于鲋鱼山,帝颛顼埋葬在这座山的南边,他的九个妃嫔埋葬在山的北边,有四条蛇护卫着这里。

濛水出汉阳西①,入江,聂阳西②。

〔注释〕

①汉阳:古城名,在今福建浦城北。郭璞注云:“汉阳县属朱提。”

②聂阳:古城名。吕调阳《海内经附传》云:“聂阳,今永川县地。”

〔译文〕

濛水发源于汉阳的西面，在聂阳的西边流入长江。

温水出崆峒，（崆峒）山在临汾南[①]，入河，华阳北。

〔注释〕

①“温水出崆峒”两句：郭璞注云：“今温水在京兆阴盘县，水常温也。临汾县属平阳。”

〔译文〕

温水发源于崆峒山，崆峒山在临汾的南边，温水在华阳县的北边流入黄河。

颍水出少室，少室山在雍氏南，入淮西鄢北[①]。一曰缑氏[②]。

〔注释〕

①“颍水出少室”三句：郭璞注云：“今颍水出河南阳城县乾山，东南经颍川汝阴至淮南下蔡，入淮。鄢，今鄢陵县，属颍川。”

②缑(gōu)氏：古地名，一作侯氏，在今河南偃师市东南，因山得名。郭璞注云：“县属河南。”

〔译文〕

颍水发源于少室山，少室山在雍氏县的南边，颍水流入淮水的西边鄢地的北边。一说少室山在缑氏的南边。

汝水出天息山，在梁勉乡西南，入淮极西北。一曰淮在期思北。

〔译文〕

汝水发源于天息山，在梁勉乡的西南方流入淮极的西北。一说淮水在期思县的北边。

泾水出长城北山，山在郁郅、长垣北①，北入渭，戏北②。

〔注释〕

①郁郅、长垣：郭璞注云："皆县名也。"
②戏：古地名。郭璞注云："地名，今新丰县也。"

〔译文〕

泾水发源于长城北山，山在郁郅县、长垣县的北边，泾水向北流注入渭水，在新丰县的北边。

渭水出鸟鼠同穴山，东注河，入华阴北。

〔译文〕

渭水发源于鸟鼠同穴山，向东流注入黄河，流经华阴县北。

白水①出蜀，而东南注江，入江州②城下。

〔注释〕

①白水：水名。郭璞注云："色微白浊，今在梓潼白水县，源从临洮之

西西倾山来，经沓中，东流通阴平至汉寿县入潜。”

②江州：古县名。郭璞注云：“江州县属巴郡。”

〔译文〕

白水发源于蜀地，向东南流注入长江，流经江州城下。

沅水①山出象郡②镡城③西，入东注江，入下隽西④，合洞庭中。

〔注释〕

①沅水：水名，发源于贵州省，流经湖南省，入洞庭湖。

②象郡：古地名。郭璞注云：“象郡今日南也。”

③镡（tán）城：古县名。郭璞注云：“镡城县，今属武陵。”

④下隽：古县名。郭璞注云：“下隽县，今属长沙。”

〔译文〕

沅水发源于象郡镡城的西面，向东流注入长江，流入下隽县的西边，汇入洞庭湖中。

赣水①出聂都东山②，东北注江，入彭泽西。

〔注释〕

①赣水：水名。郭璞注云：“今赣水出南康南野县西北。”

②聂都：古地名。吕调阳《海内经附传》：“今桂阳县水曲似聂耳。”

〔译文〕

赣水发源于聂都东山，向东北方向流注入长江，流入鄱阳湖。

泗水出鲁东北[①]，而南，西南过湖陵西[②]，而东南注东海，入淮阴北。

〔注释〕

①泗水：水名。郭璞注云："今泗水出鲁国卞县，西南至高平湖陆县，东南经沛国、彭城、下邳至临淮下相县入淮。"

②湖陵：古地名。吕调阳《海内经附传》："在昭阳湖北。"

〔译文〕

泗水发源于鲁国的东北，南流，再向西南流经湖陵县的西边，向东南流注入东海，流经淮阴的北边。

郁水出象郡，而西南注南海，入须陵东南。

〔译文〕

郁水发源于象郡，向西南流注入南海，流经须陵县的东南方。

卷十四　大荒东经

〔题解〕

《大荒东经》主要记载了东海之外荒远地区的一些国家、山川、风土民情以及神话传说。

文中出现了许多山脉，如合虚山、明星山、东极山、猗天苏门山、壑明俊疾山等都是太阳和月亮出入的地方，说明当时的人们已经掌握了太阳和月亮东升西落的自然规律。由此还出现了羲和神话中金乌背负太阳的描写，与有关月的传说中月亮上有玉兔的说法如出一辙，是远古时期人们对日月的由来以及运行规律最朴素的认识。

除了羲和神话，《大荒东经》中还记载了商汤的七世祖王亥放牧到黄河北岸，被有易首领绵臣杀死，后其子上甲微向河伯借兵，为其复仇，进攻有易的历史故事。不仅体现了远古部落、国家之间为掠夺牛、羊等资源而发生的战争，也说明早在殷商时期，古人就开始从事牧畜业，驯化驱使各类动物。这在中荣国、司幽国、白民国、黑齿国等国家役使虎、豹、熊、罴四种野兽的描述中就能体现出来。

东海之外大壑①，少昊之国②。少昊孺帝颛顼于此③，弃其琴瑟④。有甘山者，甘水出焉，生甘渊⑤。

〔注释〕

①东海之外大壑:指海中深谷。袁珂案:“《列子·汤问篇》云:‘渤海之东,不知其几亿万里,有大壑焉,实惟无底之谷,其下无底,名曰归墟。八纮九野之水,天汉之流,莫不注之,而无增无减焉。’即此壑也。”

②少昊之国:古国名。少昊,又名“少皞”。传说中古代东夷集团的首领,名挚(一作质),号金天氏。东夷集团曾以鸟为图腾,相传少皞曾以鸟名为官名。郭璞注云:“少昊,金天氏,帝挚之号也。”

③孺:抚养,养育。郝懿行《笺疏》云:“《说文》云:‘孺,乳子也。’《庄子·天运篇》云:‘乌鹊孺。’盖育养之义也。”

④弃其琴瑟:把颛顼玩过的琴瑟遗留在了这里。郭璞注云:“言其壑中有琴瑟也。”郝懿行《笺疏》云:“此言少皞孺养帝颛顼于此,以琴瑟为戏弄之具而遗留于此也。”

⑤生甘渊:汇聚形成了甘渊。生,生成,形成。郭璞注云:“水积则成渊也。”

〔译文〕

东海之外有一条深谷,是少昊国所在的地方。少昊在这里养育颛顼,把颛顼玩过的琴瑟遗留在了这里。有一座山叫甘山,甘水从山上发源,汇聚形成了甘渊。

大荒东南隅有山①,名皮母地丘。

〔注释〕

①大荒:荒远的地方,边远地区。

〔译文〕

大荒东南角有一座山,名叫皮母地丘。

东海之外，大荒之中，有山名曰大言，日月所出。

〔译文〕

东海以外的荒原地区，有一座山名叫大言，那里是太阳和月亮升起的地方。

有波谷山者，有大人之国。有大人之市①，名曰大人之堂。有一大人踆②其上，张其两耳③。

〔注释〕

①大人之市：郭璞注云："亦山名，形状如堂室耳。大人时集会其上，作市肆也。"

②踆(qūn)：郭璞注云："踆，或作'俊'，皆古'蹲'字。"

③两耳：袁珂案："经文两耳，《太平御览》卷三七七及卷三九四并引作两臂，作两臂是也。"

〔译文〕

有波谷山，山上有大人国。有大人集会做生意的集市，名叫大人堂。有一个大人蹲在上面，张着他的两只臂膊。

有小人国，名靖人①。

〔注释〕

①靖人：古代传说中的短小人。郝懿行《笺疏》云："《说文》云：'靖，细儿。'盖细小之义，故小人名靖人也。"

〔译文〕

有小人国，名叫靖人。

有神，人面兽身，名曰犁䰱之尸①。

〔注释〕

①犁䰱(líng)之尸：袁珂案："犁䰱之尸，当即奢比之尸之类也。"

〔译文〕

有一个神，长着人的脸、野兽的身子，名叫犁䰱尸。

有潏(jué)山，杨水出焉。

〔译文〕

有潏山，杨水从这座山发源。

有蔿国①，黍食②，使四鸟③：虎、豹、熊、罴。

〔注释〕

①蔿(wěi)国：即妫国。袁珂案："蔿国或当作妫国。妫，水名，舜之居地也。"

②黍食：以黍谷为食。郭璞注云："言此国中惟有黍谷也。"

③使四鸟：郝懿行云："经言皆兽，而云使四鸟者，鸟兽通名耳。使者，谓能巡扰役使之也。"

〔译文〕

有蒍国，这里的人以黍谷为食，役使着四种野兽：老虎、豹子、熊和罴。

大荒之中，有山名曰合虚，日月所出。

〔译文〕

在荒远的地方，有一座山名叫合虚，是太阳和月亮升起的地方。

有中容之国。帝俊生中容，中容人食兽、木实①，使四鸟：豹、虎、熊、罴。

〔注释〕

①木实：树木的果实。郭璞注云："此国中有赤木、玄木，其华实美。"《吕氏春秋·本味篇》云："指姑之东，中容之国，有赤木、玄木之叶焉。"高诱注云："赤木、玄木，其叶皆可食，食之而仙。"

〔译文〕

有中容国。帝俊生了中容，中容国的人吃野兽和树木的果实，驱使着四种野兽：老虎、豹子、熊和罴。

有东口之山。有君子之国，其人衣冠带剑。

〔译文〕

有东口山。山中有君子国，这里的人们穿着衣服，戴着帽子，身上佩带着剑。

有司幽之国。帝俊生晏龙①，晏龙生司幽，司幽生思士，不妻；思女，不夫②。食黍，食兽，是使四鸟。

〔注释〕

①晏龙：袁珂案："《海内经》云：'帝俊生晏龙，晏龙是为琴瑟。'即此晏龙也。"

②"思女"两句：生了思女，不嫁人。郭璞注云："言其人直思感而气通，无配合而生子，此《庄子》所谓'白鹄相视，眸子不运而感风化'之类也。"

〔译文〕

有司幽国。帝俊生了晏龙，晏龙生了司幽，司幽生了思士，不娶妻；生了思女，不嫁人。这里的人以黍谷、野兽为食，他们役使着四种野兽。

有大阿之山者。

〔译文〕

有一座大阿山。

大荒中有山，名曰明星。日月所出。

〔译文〕

荒远的地区有一座山，名叫明星。是太阳和月亮升起的地方。

有白民之国，帝俊生帝鸿①，帝鸿生白民，白民销姓，黍食，使四鸟：虎、豹、熊、罴。

〔注释〕

①帝鸿：即黄帝。郝懿行《笺疏》云："帝鸿，黄帝也，见贾逵《左传》注。然则此帝俊又为少典矣。"

〔译文〕

有白民国，帝俊生了帝鸿，帝鸿生了白民，白民以销为姓，以黍谷为食，役使着四种野兽：老虎、豹子、熊和罴。

有青丘之国，有狐，九尾。

〔译文〕

有青丘国，国中有一种狐狸，长着九条尾巴。

有柔仆民，是维嬴土之国①。

〔注释〕

①嬴(yíng)土之国：古国名。嬴土，肥沃的土地。郭璞注云："嬴犹沃衍也，音盈。"袁珂案："嬴土之国犹《大荒西经》'沃之国'也，已见《海外西经》'诸夭之野'节。"

〔译文〕

有柔仆民，他们的国家土地肥沃。

有黑齿之国。帝俊生黑齿，姜姓，黍食，使四鸟。

〔译文〕

有黑齿国。帝俊生了黑齿，以姜为姓，以黍谷为食，役使着四种野兽。

有夏州之国[①]。有盖余之国[②]。

〔注释〕

①夏州之国：古国名。

②盖余之国：古国名。

〔译文〕

有夏州国。有盖余国。

有神人，八首人面，虎身十尾，名曰天吴。

〔译文〕

有神人，长着八个脑袋、人的脸、老虎的身体，有十条尾巴，名叫天吴。

大荒之中，有山名曰鞠陵于天、东极、离瞀[①]，日月所出。名曰折丹[②]——东方曰折[③]，来风曰俊[④]——处东极以出入风[⑤]。

〔注释〕

①鞠陵于天、东极、离瞀(mào):山名。郭璞注云:“三山名也。”

②折丹:神名。郭璞注云:“神人。”

③东方曰折:东方称他为折。郭璞注云:“单吁之。”郝懿行《笺疏》云:“吁当为呼字之讹。”袁珂案:“王念孙亦校作呼。‘单呼之’者,谓单呼神折丹之名为‘折’也。”

④来风曰俊:吴任臣《广注》云:“《夏小正》云:‘正月,时有俊风。’俊风,春月之风也,春令主东方,意或取此。”

⑤处东极以出入风:位于极东之地掌管风的出入。郭璞注云:“言此人能节宣风气,时其出入。”

〔译文〕

在荒远的地区,有三座山名叫鞠陵于天山、东极山和离瞀山,是太阳和月亮升起的地方。有神名叫折丹——东方称他为折,来风叫俊——位于极东之地掌管风的出入。

东海之渚①中,有神,人面鸟身,珥两黄蛇,践两黄蛇,名曰禺虢②。黄帝生禺虢,禺虢生禺京③。禺京处北海,禺虢处东海④,是惟海神。

〔注释〕

①渚(zhǔ):水中的小块陆地,小岛。郭璞注云:“渚,岛。”

②禺虢(hào):古代传说中的神人,人面鸟身,住在东海岛上。

③禺京:即禺彊。郭璞注云:“即禺彊也。”郝懿行《笺疏》云:“禺彊,北方神,已见《海外北经》。”

④“禺京处北海”两句：禺京居住在北海，禺虢居住在南海。郭璞注云：“言分治一海而为神也。”

〔译文〕

东海的小岛上有一个神，长着人的脸、鸟的身体，耳朵上佩挂着两条黄蛇，脚踩着两条黄蛇，名叫禺虢。黄帝生了禺虢，禺虢生了禺京。禺京居住在北海，禺虢居住在南海，他们都是海神。

有招摇山，融水出焉。有国曰玄股，黍食，使四鸟。

〔译文〕

有招摇山，融水从这里发源。有一个国家叫玄股国，这里的人以黍谷为食，役使着四种野兽。

有困民国，勾姓而食[①]。有人曰王亥[②]，两手操鸟，方食其头。王亥托于有易、河伯仆牛[③]。有易杀王亥，取仆牛。河念有易，有易潜出[④]，为国于兽[⑤]，方食之，名曰摇民。帝舜生戏，戏生摇民。

〔注释〕

①而食：袁珂案：“经文‘勾姓而食’，疑当作‘勾姓黍食’，而字乃黍字之缺坏。”

②王亥：甲骨文又称为高祖亥、高祖王亥，商汤的七世祖。相传王亥开始从事牧畜业，他放牧到黄河北岸，被有易首领绵臣杀死，夺去牛羊。其子上甲微向河伯借兵，为其复仇，攻有易，杀绵臣，夺回牛羊。

③王亥托于有易、河伯仆牛：袁珂案："此句当言王亥托寄其所驯养之牛羊于有易与河伯也。"有易，古部落名，在黄河之北或易水附近。

④有易潜出：(河伯)帮助有易首领潜逃出来。

⑤为国于兽：在野兽之地建立了国家。为，建立。

〔译文〕

有困民国，这里的人以勾为姓，以黍谷为食。有人叫王亥，两只手拿着一只鸟，正在吃它的头。王亥把饲养的牛托付给有易部落和河伯。有易首领杀死了王亥，夺取了他的牛。河伯顾念有易首领，帮助他潜逃出来。在野兽之地建立了国家，这个国家的人以国中兽类为食，名叫摇民国。帝舜生了戏，戏生了摇民。

海内有两人，名曰女丑。女丑有大蟹。

〔译文〕

大海之中有两个人，其中一个名叫女丑。女丑有大蟹。

卷十五　大荒南经

〔题解〕

《大荒南经》主要记载了南海之外荒远地区的一些国家、山川、风土民情以及神话传说。从文中出现的赤水、巫山等今天依然沿用的水名、山名可知，《大荒南经》还描写了今天我国西南地区的一些山川风貌。

文中也记载了许多山脉，山中多有水源流出，物产也较为丰富，可见南方地区的气候较为湿润宜人。其中歼涂山和巫山中一段记载了关于大禹治水过程的神话传说，说明大禹治水曾经借道巫山。

《大荒南经》中还记载了南方地区许多先民的生活状况，包括不同国家的姓氏和吃的食物，其中食黍还是食谷的区别、“不稼不穑”和“维宜芑苣，穋杨是食”的说法，恰恰说明当时的人们已经开始种植五谷；且不同地区种植粮食的种类不同，体现了中国早期的农耕文明。

南海之外，赤水之西，流沙之东，有兽，左右有首，名曰跊踢[①]。有三青兽相并，名曰双双[②]。

〔注释〕

①跊(chù)踢:传说中的兽名。毕沅《新校正》云:"《吕氏春秋·本味篇》云:'伊尹曰:"肉之美者,述荡之掔。"'高诱注曰:'兽名,形则未闻。'案即是此也。

②双双:或为兽名,或为鸟名,总是成对出现。郭璞注云:"言体合为一也。《公羊传》所云'双双而俱至'者,盖谓此也。"

〔译文〕

南海海外,赤水的西边,流沙的东边,有一种野兽,左边和右边各长着一只脑袋,名叫跊踢。有三只青色的野兽并合在一起,名叫双双。

有阿山者。南海之中,有氾天之山①,赤水穷焉。赤水之东,有苍梧之野,舜与叔均之所葬也②。爰有文贝③、离俞④、鸱久、鹰、贾⑤、委维⑥、熊、罴、象、虎、豹、狼、视肉。

〔注释〕

①氾天之山:山名。郭璞注云:"流极于此山也。"袁珂案:"《西次三经》云:'昆仑之丘,赤水出焉,而东南流注于氾天之水。'即此。"

②舜与叔均之所葬也:舜与叔均葬在这里。叔均:传说为后稷弟弟台玺的儿子,他继承父辈的事业,播种百谷,并开始用牛耕地。郭璞注云:"叔均,商均也。舜巡狩,死于苍梧而葬之,商均因留,死亦葬焉。基今在九疑之中。"

③文贝:紫色的贝壳。郭璞注云:"即紫贝也。"

④离俞:离朱。郭璞注云:"即离朱。"

⑤贾：历来说法不一。郭璞注云："贾亦鹰属。"郝懿行《笺疏》云："《水经·瀔水》注引《庄子》曰：'雅，贾。'马融亦曰：'贾，乌。'皆鸟类，非郭义也。"

⑥委维：神话传说中的蛇。郭璞注云："即委蛇也。"袁珂案："《海内经》云：'南方有人曰苗民。有神焉，人面蛇身，长如辕，左右有首，衣紫衣，冠旃冠，名曰延维。人主得而飨食之，伯天下。'郭于'延维'下注云'委蛇'，是'延维'亦即此'委维'也。"

〔译文〕

有一座山叫阿山。南海海中，有一座山叫氾天山，是赤水流经的尽头。赤水的东边，有苍梧野，舜和商均都埋葬在这里。这里有紫色的贝壳、离朱鸟、鸱久、老鹰、贾、委蛇、熊、罴、大象、老虎、豹子、狼和视肉。

有荣山，荣水出焉。黑水之南，有玄蛇①，食麈。

〔注释〕

①玄蛇：一种大蟒。郭璞注云："今南山蚺(rán)蛇吞鹿，亦此类。"

〔译文〕

有荣山，荣水从这里发源。黑水的南面，有一种大蟒，能够吃掉鹿一类的动物。

有巫山者①，西有黄鸟。帝药②，八斋③。黄鸟于巫山，司此玄蛇④。

〔注释〕

①巫山：山名，在重庆、湖北、湖南交界地区，北与大巴山相连，形如

"巫"字,故名。

②帝药:天帝的仙药。郭璞注云:"天帝神仙药在此也。"袁珂案:"郭注'神仙药',当即神仙不死之药。"

③八斋,八间屋子。袁珂案:"八斋,谓八厨也,后也谓精舍为斋义盖本此。"

④司此玄蛇:看管这条大蟒,防止它偷吃天帝的仙药。袁珂案:"或谓黄鸟司察此贪婪之玄蛇,盖防其窃食天帝神药也。"

〔译文〕

有一座巫山,它的西面有一只黄鸟。天帝的仙药,储藏在巫山上的八间屋子里。黄鸟在巫山,看管着这条贪婪的大黑蛇,防止它偷吃天帝的仙药。

大荒之中,有不庭之山①,荣水穷焉。有人三身,帝俊妻娥皇,生此三身之国。姚姓②,黍食,使四鸟。有渊四方,四隅皆达③,北属黑水④,南属大荒。北旁名曰少和之渊,南旁名曰从渊,舜之所浴也⑤。

〔注释〕

①不庭之山:山名。郝懿行《笺疏》云:"《吕氏春秋·谕大篇》云:'地大则有常祥、不庭、不周。'高诱注以'不周'为山,则'不庭'亦山名矣,即此。"

②姚姓:以姚氏为姓。郭璞注云:"姚,舜姓也。"袁珂案:"《说文》十二云:'虞舜居姚虚,因以为姓。'"

③四隅皆达:四面的角落都能通达。郭璞注云:"言渊四角皆旁通也。"

④属:连接。郭璞注云:"属犹连也。"

⑤舜之所浴：舜曾经在这里沐浴。郭璞注云："言舜尝在此中澡浴也。"

〔译文〕

在荒远的地区，有不庭山，荣水在这里终结。这里的人长着三个身体，帝俊的妻子娥皇，生下了这个三身国人的祖先。他们以姚氏为姓，以黍谷为食，役使着四种野兽。有一个深渊呈四方形，四面的角落都能通达，向北连接黑水，向南连接大荒。北侧名叫少和渊，南侧的名叫从渊，都是舜洗澡沐浴的地方。

又有成山，甘水穷焉。有季禺之国①，颛顼之子，食黍。有羽民之国，其民皆生毛羽。有卵民之国，其民皆生卵②。

〔注释〕

①季禺之国：古代传说中的国名。郭璞注云："言此国人颛顼之裔子也。"

②其民皆生卵：这个国家的人都是卵生。生卵，郭璞注云："即卵生也。"

〔译文〕

又有成山，甘水在这里终结。有一个季禺国，国民都是颛顼的后代，他们以黍谷为食。有一个羽民国，这个国家的人身上都长有羽毛。有一个卵民国，这个国家的人都是卵生的。

大荒之中，有不姜之山，黑水穷焉。又有贾山，汔(qì)水出焉。又有言山。又有登备之山①。有恝恝之山[2]。又有蒲山，澧水出焉。又有隗山，其西有丹[3]，其东有玉。又南有山，漂水出焉。有尾山。有翠山。

〔注释〕

①登备之山：郭璞注云："即登葆山，群巫所从上下者也。"袁珂案："登葆山见《海外西经》'巫咸国'。"

②恝恝（qì）之山：山名。

③丹：郝懿行《笺疏》云："经内丹类非一，此但名之曰丹，疑即丹雘之省文也。"

〔译文〕

荒远的地区，有不姜山，是黑水终结的地方。又有贾山，汔水从这里发源。又有言山。又有登备山。有恝恝山。又有蒲山，澧水从这里发源。又有隗山，山的西边有丹，山的东边产玉。大荒的南边有一座山，漂水从这里发源。有尾山。还有翠山。

有盈民之国，於姓，黍食。又有人方食木叶[1]。

〔注释〕

①又有人方食木叶：又有一个人正在吃树上的树叶。郝懿行《笺疏》云："《吕氏春秋·本味篇》高诱注云：'赤木、玄木，其叶皆可食，食之而仙也。'又《穆天子传》云：'有模堇，其叶是食明后。'亦此类。"

〔译文〕

有盈民国，以於为姓，以黍谷为食。又有人正在吃树上的树叶。

有不死之国，阿姓，甘木是食①。

〔注释〕

①甘木：传说中的不死树。郭璞注云："甘木即不死树，食之不老。"袁珂案："不死之国，即不死民，见《海外南经》。不死树生昆仑山上，见《海外西经》。"

〔译文〕

有不死国，以阿为姓，这里的人们以不死树作为食物。

大荒之中，有山名曰去痓（zhì）。南极果，北不成，去痓果①。

〔注释〕

①"南极果"三句：袁珂案："此疑当是巫师诅咒语渗入文中者，《大荒西经》'江山之南栖为吉'亦同然。鲁迅《中国小说史略》谓《山海经》'盖古之巫书'，亦略可见矣。"痓，郝懿行《笺疏》云："《集韵》云：'痓，充至切，音厕，风病也。'是痓即风痓之痓。"

〔译文〕

荒远的地区，有一座山名叫去痓山。南极果，北不成，去痓果。

南海渚中，有神，人面，珥两青蛇，践两赤蛇，曰不廷胡余①。

〔注释〕

①不廷胡余：神名。郭璞注云："神名耳。"

〔译文〕

南海的小岛之中，有一个天神，长着人的脸，耳朵上佩挂着两条青蛇，脚下踩着两条红蛇，名叫不廷胡余。

有神名曰因因乎，南方曰因乎，夸风曰乎民[①]，处南极以出入风。

〔注释〕

①"有神名曰因因乎"三句：袁珂案："疑当作'有神名曰因乎，南方曰因，来风曰民'，上'因'字与下二'乎'字俱衍文，'夸风'则'来风'之讹也。"

〔译文〕

有一个天神名叫因因乎，南方称他为因乎，吹来的风叫作乎民，他位于南极，掌管风的出入。

有襄山。又有重阴之山。有人食兽，曰季厘[①]。帝俊生季厘[②]，故曰季厘之国。有缗(mín)渊。少昊生倍伐[③]，倍伐降处缗渊。有水四方，名曰俊坛。

〔注释〕

①季厘：古代传说中的国名。郝懿行《笺疏》云："文十八年《左传》

云：'高辛氏才子八人，有季貍。貍、厘声同，疑是也。'"

②帝俊：当为帝喾。袁珂案："帝俊本即帝喾。《初学记》卷九引《帝王世纪》云：'帝喾自言其名曰夋。'即为最直接而有力之证据。"

③倍伐：传说中蜀国的开国君主，号望帝，传说归隐西山后化为杜鹃。

〔译文〕

有襄山。又有重阴山。有人在吃野兽，名叫季厘。帝喾生下了季厘，所以叫季厘国。有缗渊。少昊生了倍伐，倍伐被贬谪到下界的缗渊。有一个水坛呈四方形，名叫俊坛。

有臷民之国[①]。帝舜生无淫，降臷处，是谓巫臷民。巫臷民朌(fén)姓，食谷，不绩不经，服也[②]；不稼不穑，食也[③]。爰有歌舞之鸟，鸾鸟自歌，凤鸟自舞。爰有百兽，相群爰处[④]。百谷所聚。

〔注释〕

①臷(zhí)民之国：古国名。郭璞注云："为人黄色。"袁珂案："臷民国即臷国，已见《海外南经》。"

②"不绩不经"两句：不绩麻，不织布，也有衣服穿。郭璞注云："言自然有布帛也。"

③"不稼不穑"两句：不收种庄稼，有粮食吃。郭璞注云："言五谷自生也。种之为稼，收之为穑。"

④相群爰处：即群居，成群而居。

〔译文〕

有臷民国。帝舜生下了无淫，把他贬谪到这个地方，这就是巫臷民。巫臷民以朌为姓，吃五谷，他们不绩麻，不织布，有衣服穿；不收种庄稼，有粮食吃。这里有能歌唱、跳舞的鸟，鸾鸟自在地唱歌，凤鸟自在地跳舞。这里有各种野兽，群居而处。各种谷物在这里汇聚。

大荒之中，有山名曰融天，海水南入焉。

〔译文〕

荒远的地区，有一座山名叫融天山，海水从南边流入这座山。

有人曰凿齿，羿杀之。

〔译文〕

有人名叫凿齿，后羿射杀了他。

有蜮山者①，有蜮民之国②，桑姓，食黍，射蜮是食。有人方扜弓射黄蛇③，名曰蜮人。

〔注释〕

①蜮(yù)山：古山名。蜮，传说中一种在水里暗中害人的怪物。郭璞注云："蜮，短狐也，似鳖，含沙射人，中之则病死。此山出之，亦以名云。"

②蜮民之国：神话中的国名。

③扜(yū)弓：拉弓。扜，引，拉。郭璞注云："扜，挽也。"

〔译文〕

有蜮山，山上有蜮民国，这里的人们以桑为姓，以黍谷为食，也射杀蜮当作食物。有人正拉弓射黄蛇,名叫蜮人。

有宋山者,有赤蛇,名曰育蛇。有木生山上,名曰枫木。枫木,蚩尤所弃其桎梏[1],是为枫木。

〔注释〕

①枫木,蚩尤所弃其桎梏:郭璞注云:“蚩尤为黄帝所得,械而杀之,已摘弃其械,化而为树也。”枫木,郭璞云:“即今枫香树。”

〔译文〕

有宋山,山上有一种红色的蛇,名叫育蛇。有一种树生长在这座山上,名叫枫木。枫木原是蚩尤遗弃的黄帝用来禁锢他的刑具,这个刑具后来化成了枫木。

有人方齿虎尾,名曰祖状之尸。

〔译文〕

有人长着方形的牙齿、老虎的尾巴,名叫祖状尸。

有小人,名曰焦侥(yáo)之国,幾姓,嘉谷是食[1]。

〔注释〕

①嘉谷:古以粟(小米)为嘉谷,后为五谷的总称。

〔译文〕

有小人国,名叫焦侥国,以幾为姓,以五谷为食。

卷十六　大荒西经

〔题解〕

《大荒西经》主要记载了西海之外荒远地区的一些国家、山川、风土民情以及神话传说。这段文字的记载从共工怒触不周山和大禹攻共工国杀相柳开始，包括女娲之肠化为神的创世神话、夏耕断首神话、帝俊妻常羲生十二月亮的神话和西王母神话等，其中关于西王母神话的记载最为详尽。

《大荒西经》中出现了许多关于夏、商、周三代始祖的一些记载。如以姬为姓的西周国、成汤讨伐夏桀、夏启上天闻《九章》《九歌》而作《九招》以传播声乐等。其中有关西周国有一段叔均代替他的父亲和后稷耕田、播种百谷的记载，说明在西周时期我国已经进入农耕文明；夏启与《九辩》《九歌》的记载，可以和屈原的《九歌》、宋玉的《九辩》等《楚辞》相互印证，或许《楚辞》起名的由来正源于此。

西北海之外，大荒之隅，有山而不合，名曰不周负子①，有两黄兽守之。有水曰寒暑之水。水西有湿山，水东有幕山。有禹攻共工国山②。

〔注释〕

①不周负子：山名，即不周山。袁珂案：“郭注引《淮南子·天文训》文，今作‘天维绝，地柱折’。经文不周负子，《文选·甘泉赋》《思玄赋》注及《太平御览》卷五九引并无‘负子’二字，郭注亦只释‘不周’，‘负子’二字盖衍文。”

②禹攻共工国山：山名。郭璞注云：“言攻其国，杀其臣相柳于此山。”

〔译文〕

西北海的海外，荒远地区的角落之中，有一座山，这座山有缺坏不能连在一起，名叫不周山，有两只黄色的神兽在守护着它。有水名叫寒暑水。水的西面有湿山，水的东面有幕山。还有一座禹攻共工国山。

有国名曰淑士，颛顼之子。

〔译文〕

有一个国家名叫淑士国，这个国家的人都是颛顼的后代。

有神十人，名曰女娲之肠[①]，化为神，处栗广之野[②]，横道而处[③]。

〔注释〕

①女娲之肠：郭璞注云：“或作女娲之腹。”

②“化为神”两句：女娲的肠子幻化成神，居住在栗广的原野上。郭璞注云：“女娲，古神女而帝者，人面蛇身，一日中七十变，其腹化为此神。栗广，野名。娲，音瓜。”

③横道而处：即横在道路上。郭璞注云："言断道也。"袁珂案："横道而处，当即肠委弃于地之形。"

〔译文〕

有十个神，名叫女娲之肠，女娲的肠子幻化成这些神，他们居住在栗广的原野上，就像肠子一样横截了道路居住在那里。

有人名曰石夷①，来风曰韦，处西北隅以司日月之长短②。

〔注释〕

①有人名曰石夷：袁珂案："据《大荒东经》'（有人）名曰折丹，东方曰折''有人名曰鳧，北方曰鳧'及《大荒南经》'有神名曰（因）因乎，南方曰因（乎）'文例，此经'有人名曰石夷'句下，疑脱'西方曰夷'四字。"

②司日月之长短：郭璞注云："言察日月晷度之节。"

〔译文〕

有人名叫石夷，吹来的风叫韦风，他居住在西北的角落里，掌管太阳和月亮光影的长短。

有五采之鸟，有冠，名曰狂鸟①。

〔注释〕

①狂鸟：传说中的鸟名。郭璞注云："《尔雅》云：'狂，梦鸟。'即此也。"

〔译文〕

有五彩鸟，头上有冠，名叫狂鸟。

有大泽之长山。有白民之国。

〔译文〕

有一座大泽长山。有白民国。

西北海之外，赤水之东，有长胫之国①。

〔注释〕

①长胫之国：即长股国。郭璞注云："脚长三丈。"郝懿行《笺疏》云："长胫即长股也，见《海外西经》。"

〔译文〕

西北海的海外，赤水的东边，有长股国。

有西周之国，姬姓，食谷。有人方耕，名曰叔均。帝俊生后稷①，稷降以百谷②。稷之弟曰台玺，生叔均。叔均是代其父及稷播百谷，始作耕。有赤国妻氏。有双山。

〔注释〕

①帝俊：当为帝喾。郭璞注云："俊宜为喾，喾第二妃生后稷也。"

②稷降以百谷：后稷将百谷的种子带到地上。袁珂案："经文'稷降以百谷'者，谓后稷自天降嘉谷之种以为农殖之需。《书·吕刑》云'稷降播种，农殖嘉谷'，此之谓也。"

〔译文〕

有西周国，以姬为姓，以谷类为食。有人正在耕种，名叫叔均。帝喾生了后稷，后稷将百谷的种子带到人世间。后稷的弟弟名叫台玺，生了叔均。叔均这是在代替他的父亲和后稷播种百谷，开始创造农耕的方法。有赤国妻氏。有座双山。

西海之外，大荒之中，有方山者，上有青树，名曰柜格之松[①]，日月所出入也。

〔注释〕

①柜(jǔ)格之松：树名。郭璞注云："木名。(柜)音矩。"

〔译文〕

西海以外，荒远的地区，有一座方山，山上有一种青色大树，名叫柜格松，是太阳和月亮进出的地方。

西北海之外[①]，赤水之西，有先民之国[②]。食谷，使四鸟。

〔注释〕

①西北海：郝懿行《笺疏》云："《初学记》十卷引此经无北字，明《藏》本亦同。"

②先民之国：当为天民国，古代传说中的国名。郝懿行《笺疏》云："先当为天，字之讹也。《淮南·地形训》海外三十六国中有天民。"

〔译文〕

西北海以外，赤水的西边，有天民国。这里的人以谷类为食，役使着四种野兽。

有北狄之国①。黄帝之孙曰始均，始均生北狄。

〔注释〕

①北狄之国：国名或部落名，原指古代的狄族，因其主要居住于北方，故称。后用为对北方各少数民族的泛称。

〔译文〕

有北狄国。黄帝的孙子名叫始均，始均的后代就是北狄国的国民。

有芒山。有桂山。有榣山①。其上有人，号曰太子长琴。颛顼生老童②，老童生祝融，祝融生太子长琴。是处榣山，始作乐风③。

〔注释〕

①"有桂山"两句：郭璞注云："此山多桂及榣木，因名云耳。"

②老童：也称耆童，古代神话中的神名。袁珂案："《西次三经》云：'骢山，神耆童居之，其音常如钟磬。'郭璞注：'耆童，颛顼之子。'即此老童也。"

③始作乐风：创作了乐风曲。郭璞云："创制乐风曲也。"

〔译文〕

有芒山。有桂山。有榣山。榣山上有人，被称为太子长琴。颛顼生下了老童，老童生下了祝融，祝融生下了太子长琴。他居住在榣山上，创作了乐风曲。

有五采鸟三名：一曰皇鸟，一曰鸾鸟，一曰凤鸟。

〔译文〕

有三只长有五彩花纹的鸟：一只叫皇鸟，一只叫鸾鸟，一只叫凤鸟。

有虫状如菟，胸以后者裸不见①，青如猨状。

〔注释〕

①胸以后者裸不见：胸部以后裸露的部分看不见。郭璞注云："言皮色青，故不见其裸露处。"

〔译文〕

有一种兽，形状像兔子，胸部以后裸露的部分看不见，身体青色，形貌像猿猴。

大荒之中，有山名曰丰沮玉门，日月所入。

〔译文〕

在荒远的地方，有一座山叫丰沮玉门山，这座山是太阳和月亮落下的地方。

有灵山[①]，巫咸、巫即、巫肦、巫彭、巫姑、巫真、巫礼、巫抵、巫谢、巫罗十巫，从此升降，百药爰在。

〔注释〕

①灵山：山名，当为巫山。袁珂案："灵山，疑即巫山。灵、巫古本一字，而此山复有诸巫采药往来，'百药爰在'，与《大荒南经》所记巫山'帝药，八斋'之情景相类，因疑此灵山即彼巫山也。"

〔译文〕

有一座巫山，巫咸、巫即、巫肦、巫彭、巫姑、巫真、巫礼、巫抵、巫谢、巫罗十个巫师，在这座山上上天下地，各种仙药都在这里生长。

西有王母之山、壑山、海山。有沃之国，沃民是处。沃之野，凤鸟之卵是食[①]，甘露是饮。凡其所欲，其味尽存[②]。爰有甘华、甘柤、白柳、视肉、三骓、璇瑰[③]、瑶碧、白木[④]、琅玕、白丹、青丹、多银、铁。鸾凤自歌[⑤]，凤鸟自舞，爰有百兽，相群是处，是谓沃之野。

〔注释〕

①凤鸟之卵是食：以凤鸟的鸟蛋作为食物。袁珂案："《吕氏春秋·本味篇》云：'流沙之西，丹山之南，有凤之丸，沃民所食。'即此。高诱注：'丸，古卵字也。'"

②"凡其所欲"两句：凡是他们想要得到的美味，都可以品尝到。郭璞

注云："言其所愿滋味，此无所不备。"

③璇瑰：美玉名。郭璞注云："璇瑰，亦玉名；《穆天子传》曰：'枝斯璇(xuán)瑰。'"

④白木：树名。郭璞注："树色正白。今南方有文木，亦黑木也。"郝懿行《笺疏》云："文木即今乌木也。"庾信《枯树赋》："东海有白木之庙，西河有枯桑之社。"

⑤鸾凤，袁珂案："经文鸾凤，《藏经》本作鸾鸟，吴任臣本、汪绂本、毕沅本同，作鸾鸟是也。兹经各卷所记均作鸾鸟，无作鸾凤者，凤字讹。"

〔译文〕

西有王母山、壑山、海山。有沃民国，沃民居住在这里。这里有沃野，人们以凤鸟的鸟蛋作为食物，把甘露当作饮品。凡是他们想要得到的美味，都可以品尝到。又有甘华树、甘柤树、白柳树、视肉、三骓马、璇瑰玉、瑶碧、白木、琅玕玉、白丹、青丹，还多产银和铁。鸾鸟在这里自在地唱歌，凤鸟在这里自在地起舞。各种野兽群居在这里，这就是所谓的沃野。

有三青鸟，赤首黑目，一名曰大鵹，一名少鵹，一名曰青鸟①。

〔注释〕

①"一名曰大鵹(lí)"三句：传说中为西王母取食的三只青鸟。郭璞注云："皆西王母所使也。"

〔译文〕

有三只青鸟，长着红色的脑袋、黑色的眼睛，一只名叫大鵹，一只名叫少鵹，还有一只名叫青鸟。

有轩辕之台，射者不敢西向射，畏轩辕之台。

〔译文〕

有轩辕台，射箭的人不敢向西方射箭，因为畏惧轩辕台上黄帝的威灵。

大荒之中，有龙山，日月所入。有三泽水，名曰三淖[①]，昆吾之所食也。

〔注释〕

①三淖(nào)：传说中的川泽名。

〔译文〕

在荒远的地区，有一座龙山，是太阳和月亮落下的地方。有一条三泽水，名叫三淖，是昆吾族人获取食物的地方。

有人衣青[①]，以袂蔽面[②]，名曰女丑之尸。

〔注释〕

①衣青：穿着青色的衣服。衣，穿着。

②袂(mèi)：衣袖，袖口。郭璞注云："袂，袖。"

〔译文〕

有人穿着青色的衣服，用袖子遮住脸，名叫女丑之尸。

有女子之国①。

〔注释〕

①女子之国：传说中的古国名，或谓古代以女性为首领的国家。郭璞注云："王颀至沃沮国，尽东界，问其耆老，云：'国人尝乘船捕鱼遭风，见吹数十日，东一国，在大海中，纯女无男。'即此国也。"袁珂案："女子国已见《海外西经》。"

〔译文〕

有女子国。

有桃山。有寅(méng)山。有桂山。有于土山。

〔译文〕

有桃山。有寅山。有桂山。还有于土山。

有丈夫之国①。

〔注释〕

①丈夫之国：传说中的古国名。郭璞注云："其国无妇人也。"袁珂案："丈夫国已见《海外西经》。"

〔译文〕

有丈夫国。

有弇(yǎn)州之山，五采之鸟仰天①，名曰鸣鸟②。

爰有百乐歌儛之风。

〔注释〕

①仰天：向着天空鸣叫。郭璞注云："张口嘘天。"

②鸣鸟：指凤凰。郝懿行《笺疏》云："鸣鸟盖凤属也。"

〔译文〕

有一座弇州山，山上有一种长着五彩羽毛的鸟向着天空鸣叫，名叫鸣鸟。于是各种音乐歌舞的曲子在这里风行。

有轩辕之国。江山之南栖为吉①。不寿者乃八百岁。

〔注释〕

①江山之南栖为吉：在江河山岭的南边居住就会带来吉祥。郭璞注云："即穷山之际也。山居为栖。吉者言无凶夭。"袁珂案："此亦是巫师咒语渗入者。"

〔译文〕

有一个轩辕国。在江河山岭的南边居住就会带来吉祥。这里不长寿的人也会活到八百岁。

西海陼中①，有神人面鸟身，珥两青蛇，践两赤蛇，名曰弇兹②。

〔注释〕

①陼（zhǔ）：郝懿行《笺疏》云："《尔雅》云：'小洲曰陼。'陼与渚同。"

②弇兹:传说中的神名。袁珂案:“此神与北方神禺彊、东方神禺虢似,均同属海神而兼风神。”

〔译文〕

西海的海中小岛上有神,长着人的脸、鸟的身体,耳朵上佩挂着两条青蛇,脚下踩着两条红蛇,名叫弇兹。

大荒之中,有山名曰日月山,天枢也①。吴姖天门②,日月所入。有神,人面无臂,两足反属于头山③,名曰嘘④。颛顼生老童,老童生重及黎⑤。帝令重献上天,令黎邛(qióng)下地⑥。下地是生噎⑦,处于西极,以行日月星辰之行次⑧。

〔注释〕

①天枢:天界的枢纽。

②吴姖(jù)天门:山名,日月山的主峰。

③头山:袁珂案:“山当为上字之讹,宋本、吴宽抄本、《藏经》本作上。王念孙、毕沅、邵恩多校同。”

④嘘:郭璞注云:“言嘘啼也。”

⑤老童生重及黎:老童生下了重和黎。郭璞注云:“《世本》云:‘老童娶于根水氏谓之骄福,产重及黎。’”

⑥“帝令重献上天”两句:天帝命重在天界做神,令黎去地上做人。郭璞注云:“古者人神杂扰无别,颛顼乃命南正重司天以属神,命火正黎司地以属民。重实上天,黎实下地。献、邛,义未详也。”

⑦噎:袁珂案:“此噎即上文之嘘,亦即《海内经》之噎鸣。《海内经》云:‘后土生噎鸣。’而此经‘黎邛下地’,是黎即后土也。黎所生之噎,亦即后土所生之噎鸣也。”

⑧以行日月星辰之行次：来管理太阳、月亮、星星运行的次序。郭璞注云："主察日月星辰之度数次舍也。"

〔**译文**〕

在荒远的地区，有一座山名叫日月山，是天界的枢纽。吴姖天门，是太阳和月亮落下的地方。有一位神，长着人的脸，没有手臂，两只脚反过来连在头上，他的名字名叫嘘。颛顼生下了老童，老童生下了重和黎。天帝命重在天界做神，令黎在地上做人。黎下地之后生下了噎，居住在极西之地，管理太阳、月亮、星星运行的次序。

卷十七　大荒北经

〔题解〕

《大荒北经》主要记载了东北海之外荒远地区的一些国家、山川、风土民情以及神话传说。这一卷记载的神话传说也很多，如夸父逐日、禹杀相柳、黄帝与蚩尤大战等，其中最著名的当属黄帝与蚩尤的涿鹿之战。这场战争属于炎黄战争的一部分，文中黄帝和蚩尤各显其能，黄帝派应龙和女魃，蚩尤招来风伯、雨师，最后的结果是黄帝战胜，但应龙和女魃都因神力耗尽不能回到天上，导致了人间的雨涝与旱灾。应龙居住在南方，因此南方多雨水；女魃居住在西方赤水之北，因此西北多干旱，体现了古人对自然环境和自然现象朴素的理解。

《大荒北经》中还有一些国家、氏族和血统传承的记载，主要以颛顼和黄帝的子孙后代为主。

东北海之外，大荒之中，河水之间，附禺之山①，帝颛顼与九嫔葬焉。爰有鸱久、文贝、离俞、鸾鸟、皇鸟、大物、小物②。有青鸟、琅鸟、玄鸟③、黄鸟、虎、豹、熊、罴、黄蛇、视肉、璿瑰④、瑶碧，皆出卫于山⑤。丘方员三百里，丘南帝俊竹林在焉，大可为舟⑥。竹南有赤泽水⑦，名曰封渊[8]。有三桑无枝。丘西有沈渊,颛顼所浴。

〔注释〕

①附禺之山:山名。郝懿行《笺疏》云:“《海外北经》作务隅,《海内东经》作鲋鱼,此经又作附禺,皆一山也,古字通用。”

②大物、小物:郭璞注云:“言备有也。”王崇庆云:“大物小物,皆殉葬之具也。”

③玄鸟:燕子。《诗经·商颂·玄鸟》:“天命玄鸟,降而生商。”《楚辞·九章·思美人》:“高辛之灵盛兮,遭玄鸟而致诒。”

④璿(xuán)瑰:即璇瑰,美玉。

⑤皆出卫于山:郝懿行《笺疏》云:“《艺文类聚》八十九卷、《初学记》二十八卷引此经并作卫丘山。《北堂书钞》一百三十七卷亦作卫丘,是知古本卫丘连文,而以‘皆出于山’四字相属,今本误倒其句耳,所宜订正。”

⑥大可为舟:竹子粗壮的可以剖开一节做船。郭璞注云:“言舜林中竹一节则可以为船也。”

⑦赤泽水:水名。郭璞注云:“水色赤也。”

⑧封渊:即大渊。郭璞注云:“封亦大也。”

〔译文〕

东北海的海外,荒远的地区,河水之间,有一座附禺山。帝颛顼和他的九位妃嫔都埋葬在这里。这里有鸱久、文贝、离朱鸟、鸾鸟、皇鸟和各种各样殉葬的物品。有青鸟、琅鸟、燕子、皇鸟、老虎、豹子、熊、罴、黄蛇、视肉、璇瑰、瑶碧,都出自这座山。卫丘山方圆三百里,丘的南边有一片帝俊的竹林,竹子很粗壮,剖开一节就可以做船。竹林的南边有红色的泽水,名叫封渊。有三棵桑树,不生枝叶。卫丘山的西边有沉渊,是颛顼洗澡的地方。

有胡不与之国[1],烈姓[2],黍食。

〔注释〕

①胡不与之国:传说中的古国名。郭璞注云:“一国复名耳,今胡夷语皆通然。”

②烈姓:以烈为姓。郝懿行《笺疏》云:“列姓盖炎帝神农之裔,《左传》称烈山氏,《祭法》作厉山氏,郑康成注云:‘厉山,神农所起。一曰烈山。’”

〔译文〕

有一个胡不与国,以烈为姓,以黍谷为食。

大荒之中,有山,名曰不咸。有肃慎氏之国[1]。有蜚蛭[2],四翼。有虫,兽首蛇身,名曰琴虫[3]。

〔注释〕

①肃慎氏之国:传说中的古国名。郝懿行《笺疏》云:“肃慎国见《海外西经》。”

②蜚蛭(zhì):神话传说中一种有四翼的虫。

③琴虫:传说中的怪蛇。郭璞注云:“亦蛇类也。”郝懿行《笺疏》云:“南山人以虫为蛇,见《海外南经》。”

〔译文〕

在荒远的地方,有一座山,名叫不咸山。有一个肃慎氏国。有一种飞虫,长着四个翅膀。有一种虫,长着野兽的脑袋、蛇的身体,名叫琴虫。

有人名曰大人。有大人之国，厘姓，黍食。有大青蛇，黄头，食麈[1]。

〔注释〕

①食麈：即以麈为食。袁珂案："荣山亦有玄蛇食麈，已见《大荒南经》。"

〔译文〕

有人名叫大人。有一个大人国，这里的人以厘为姓，以黍谷为食。有大青蛇，长着黄色的脑袋，以鹿为食。

有榆山。有鲧攻程州之山[1]。

〔注释〕

①鲧攻程州之山：山名。郭璞注云："皆因其事而名物也。"郝懿行《笺疏》云："程州，盖亦国名，如'禹攻共工国山'之类。"

〔译文〕

有一座榆山。有一座鲧攻程州山。

大荒之中，有山名曰衡天。有先民之山。有槃木千里[1]。

〔注释〕

①槃(pán)木：谓枝干盘曲的树。袁珂案："《大戴礼·五帝德》及《史记·五帝本纪》均有'东至于蟠木'语，疑即此。又《论衡·订鬼篇》引《山

海经》(今本无)云:‘沧海之中,度朔之山,上有大桃木,其屈蟠三千里。’云云,当亦即此‘千里’槃木之属。”

〔译文〕

在荒远的地区,有一座山名叫衡天。有一座先民山。有一棵槃木,枝干盘曲千里。

有叔歜(chù)国,颛顼之子,黍食,使四鸟:虎、豹、熊、罴。有黑虫如熊状,名曰猎猎[1]。

〔注释〕

①猎猎:野兽名。郝懿行《笺疏》云:“《玉篇》云:‘猎,秦亦切,兽名。’《广韵》亦云兽名,引此经。盖虫、兽通名耳。”

〔译文〕

有一个叔歜国,这里的人都是颛顼的后代,以黍谷为食,役使着四种野兽:老虎、豹子、熊和罴。有一种黑色的野兽长得像熊,名叫猎猎。

有北齐之国,姜姓[1],使虎、豹、熊、罴。

〔注释〕

①“北齐之国”两句:郝懿行《笺疏》云:“《说文》云:‘姜,神农居姜水以为姓。’《史记·齐太公世家》云:‘姓姜氏。’”

〔译文〕

有北齐国,以姜为姓,役使着老虎、豹子、熊和罴四种野兽。

大荒之中，有山名曰先槛大逢之山，河、济所入，海北注焉。其西有山，名曰禹所积石。

〔译文〕

在荒远的地区，有一座山名叫先槛大逢山，黄河和济水流入这里，海水向北流注入这里。它的西边有一座山，名叫禹所积石山。

有阳山者。有顺山者，顺水出焉。有始州之国，有丹山①。

〔注释〕

①丹山：山名。

〔译文〕

有阳山。有顺山，顺水在这里发源。有始州国，有丹山。

有大泽方千里，群鸟所解①。

〔注释〕

①“有大泽方千里”两句：郭璞注云：“《穆天子传》曰：‘北至广原之野，飞鸟所解其羽，乃于此猎鸟兽，绝群，载羽百车。’《竹书》亦曰：‘穆王北征，行流沙千里，积羽千里。’皆谓此泽也。”

〔译文〕

有大泽方圆千里，是群鸟脱换羽毛的地方。

有毛民之国，依姓，食黍，使四鸟。禹生均国，均国生役采，役采生修鞈(gé)，修鞈杀绰人①。帝念之，潜为之国②，是此毛民。

〔注释〕

①绰人：人名。郭璞注云："人名。"

②潜为之国：暗地里把绰人的子孙救出来建了一个国家。郭璞注云："潜密用之为国。"

〔译文〕

有一个毛民国，以依为姓氏，以黍谷为粮食，役使着四种野兽。大禹生下了均国，均国生下了役采，役采生下了修鞈，修鞈杀死了绰人。天帝顾念绰人之死，暗地里把绰人的子孙救出来建了一个国家，就是这个毛民国。

有儋耳之国①，任姓，禺号子②，食谷。北海之渚中，有神，人面鸟身，珥两青蛇，践两赤蛇，名曰禺彊。

〔注释〕

①儋(dān)耳之国：即聂耳国。郭璞注云："其人耳大下儋，垂在肩上，朱崖儋耳，镂画其耳，亦以放之也。"袁珂案："儋耳，《说文》十二云：'聸，垂耳也。'……《海外北经》有聂耳国，即此。"

②禺号子：禺虢的子孙。袁珂案："禺号即禺虢，乃黄帝之子，见《大荒东经》，故儋耳亦黄帝裔也。"

〔译文〕

有一个儋耳国，以任为姓，这里的人们是禺虢的子孙，他们以谷物作为粮食。北海的小岛中，有一个神，长着人的脸、鸟的身体，耳朵上佩挂着两条青蛇，脚踩着两条红蛇，名叫禺彊。

大荒之中，有山名曰北极天柜，海水北注焉。有神，九首人面鸟身，名曰九凤[①]。又有神衔蛇操蛇，其状虎首人身，四蹄长肘，名曰强良[②]。

〔注释〕

①九凤：传说中的神名。

②强良：兽名。

〔译文〕

在荒远的地区，有一座山名叫北极天柜山，海水从北面流入这里。有一个神，长着九个脑袋、人的脸、鸟的身体，名叫九凤。又有一个神嘴里叼着蛇，手上拿着蛇，他长着老虎的脑袋、人的身体，有四个蹄子，肘部很长，名叫强良。

大荒之中，有山名曰成都载天。有人珥两黄蛇，把两黄蛇，名曰夸父。后土生信[①]，信生夸父。夸父不量力，欲追日景，逮[②]之于禺谷[③]。将饮河而不足也，将走大泽，未至，死于此。应龙已杀蚩尤，又杀夸父，乃去南方处之，故南方多雨[④]。

〔注释〕

①后土：上古掌管有关土地事务的官。郝懿行《笺疏》云："后土，共工氏之子句龙也，见昭十九年《左传》，又见《海内经》。"

②逮：达到，及。

③禺谷：古代传说中太阳落下的地方。郭璞注云："禺渊，日所入也，今作虞。"

④故南方多雨：因此南方地区多雨水。郭璞注云："言龙水物，以类相感故也。"

〔译文〕

在荒远的地区，有一座山名叫成都载天山。有一个人耳朵上佩挂着两条黄蛇，手里拿着两条黄蛇，名叫夸父。后土生下了信，信生下了夸父。夸父不自量力，想要追赶太阳的影子，追到禺谷这个地方。夸文想要喝黄河里的水解渴但不够喝，又准备去大泽里喝水，还没走到，就渴死在了这里。应龙已经杀死了蚩尤，又杀死了夸父，于是就去南方居住，因此南方地区多雨水。

又有无肠之国，是任姓①。无继子②，食鱼。

〔注释〕

①任姓：以任为姓。袁珂案："黄帝之裔十二姓中有任姓（《国语·晋语四》），则无肠国亦当是黄帝裔也。"

②无继子：无继国人的子孙。袁珂案："此无继（国），即《海外北经》所记之无启（今字作肾，讹）国。'无启'即'无继'也，说见《海外北经》'无肾国'节注。此言无肠国人乃无启（继）国人之裔也。"

〔译文〕

又有一个无肠国，这里的人们以任为姓。是无继国人的后裔，以鱼为食。

共工臣名曰相繇①，九首蛇身，自环②，食于九土③。其所歍所尼④，即为源泽⑤，不辛乃苦⑥，百兽莫能处。禹湮洪水，杀相繇⑦，其血腥臭，不可生谷；其地多水⑧，不可居也。禹湮之，三仞三沮，乃以为池，群帝是因以为台⑨。在昆仑之北。

〔注释〕

①相繇：即相柳。袁珂案："禹杀相柳事已见《海外北经》。"

②自环：自己环绕在一起。郭璞注云："言转旋也。"

③九土：袁珂案："经文九土，《藏经》本作九山，《海外北经》亦作九山。"

④所歍（wū）所尼：凡是它喷吐栖息过的地方。歍，呕吐。尼，栖息。郭璞注云："歍，呕，犹喷吒。尼，止也。"

⑤即为源泽：就会立刻成为一片沼泽。袁珂案："谓相繇之气力能使其所歍所尼者成为源泽。"

⑥不辛乃苦：气味不是辣就是苦。郭璞注云："言气酷烈。"

⑦"禹湮洪水"两句：禹堵塞洪水，杀了相繇。郭璞注云："禹塞洪水，由以溺杀之也。"

⑧其地多水：那个地方有许多水。郭璞注云："言其膏血滂流，成渊水也。"

⑨群帝是因以为台：诸位帝王用这里的池土筑建了高台。郭璞注云："地下宜积土，故众帝因来在此共作台。"袁珂案："即《海外北经》帝尧、帝

訾等台。”

〔译文〕

共工的大臣名叫相柳，长着九个脑袋、蛇的身体，自相盘绕，在九座山上取食。凡是它呕吐、栖息过的地方，就会立刻化成一片沼泽，气味不是辣就是苦，各种野兽都没有办法在那里生活。禹堵塞洪水，将相柳杀死，相柳的血又腥又臭，洒落的地方五谷不能生长；那个地方有许多水，不能居住。禹用土填埋，三次填埋三次又塌陷下去，于是就挖成了一个池塘，帝王们就用池泥筑建了高台。高台在昆仑山的北边。

卷十八　海内经

〔题解〕

《海内经》主要记载了东、南、西、北四海之内疆域的山川河流、部落氏族、人们的生产生活情况以及神话传说。本卷所记事物庞杂，大体上按照东、西、南、北的方位来叙述。涉及的国家有东海的朝鲜，西海流沙之中的壑市国、氾叶国、朝云国，南海的巴国、三苗国、赣巨人以及北海的幽民国、钉灵国等，其中北方的钉灵国或为我们今天所称的丁零，也就是汉朝时期西北地区的一个古老的游牧民族。

《海内经》中最为著名的神话当为对鲧禹父子治水的记载。洪水神话在中西方文明当中都有，西方的诺亚方舟被归列为创世神话，而鲧禹治水的神话在我国更多的被认为是抗争神话，体现了人类的意志和克服困难、征服自然的勇气和决心，带有英雄主义和悲剧色彩。

《海内经》中也有许多关于氏族血统传承的记载，大体上都是黄帝和炎帝的子孙后代。这些后人还是各种生产工具，包括农具、乐器、弓箭、车船的创造者，体现了农耕社会手工业和礼乐文明的萌芽。

东海之内，北海之隅，有国名曰朝鲜①、天毒②，其人水居，偎人爱之[3]。

〔注释〕

①朝鲜：袁珂案："朝鲜已见《海外北经》。"

②天毒：即天竺，今印度。袁珂案："天竺即今印度，在我国西南，其国临印度洋，故称'其人水居'。然此乃与朝鲜并称，地望绝不相侔(móu)。或经文有脱文讹字，未可知也。"

③偎人爱之：对人怜悯慈爱。郭璞注云："偎亦爱也。"郝懿行《笺疏》云："爱之，《藏经》本作爱人，是也。《列子》云：'列姑射山，有神人，不偎不爱，仙圣为之臣。'义正与此合。"

〔译文〕

东海海内，北海的一角，有国名叫朝鲜、天毒，这里的人住在水边，待人怜悯慈爱。

西海之内，流沙之中，有国名曰壑市[1]。

〔注释〕

①壑市：古国名。袁珂案："《水经注·禹贡山水泽地》云：'流沙在西海郡北，又径浮渚，历壑市之国。'"

〔译文〕

西海海内，流沙的中间，有国名叫壑市。

西海之内，流沙之西，有国名曰氾叶[1]。

〔注释〕

①氾(fàn)叶：古国名。

〔译文〕

西海海内，流沙的西边，有国名叫氾叶。

流沙之西，有鸟山者，三水出焉①。爰有黄金、璿瑰、丹货②、银、铁，皆流于此中③。又有淮山，好水出焉。

〔注释〕

①三水出焉：有三条河流从这座山上发源。郭璞注云："三水同出一山也。"

②丹货：丹砂之属。

③皆流于此中：都出产于这座山中。郭璞注云："言其中有杂珍奇货也。"

〔译文〕

流沙的西边，有鸟山，有三条河流从这里发源。又有黄金、璿瑰玉、丹砂、白银和铁矿，都出产于这座山中。又有淮山，好水从这里发源。

流沙之东，黑水之西，有朝云之国、司彘之国。黄帝妻雷祖①，生昌意②。昌意降处若水③，生韩流④。韩流擢首⑤、谨耳⑥、人面、豕喙、麟身、渠股⑦、豚止⑧，取淖子曰阿女⑨，生帝颛顼。

〔注释〕

①雷祖：又名作"嫘祖""累祖""傫祖"，传说中的黄帝妻。郭璞注云："《世本》云：'黄帝娶于西陵氏之子，谓之累祖，产青阳及昌意。'"

②昌意：传说中的人名，为黄帝之子。相传黄帝娶西陵国之女为正妃，生二子，其一曰玄嚣，其二曰昌意。见《史记·五帝本纪》。

③昌意降处若水：昌意被贬到若水来居住。袁珂案："《史记·五帝本纪》'昌意降居若水'。《索隐》云：'降，下也，言帝子为诸侯。若水在蜀，即所封国也。'此神话之历史解释也，其本义当为自天下降，谪居若水。"

④韩流：古代神话传说中的人名。郭璞注云："《竹书》云：'昌意降居若水，产帝乾荒。'乾荒即韩流也，生帝颛顼。"

⑤擢(zhuó)首：长颈。郭璞注云："擢首，长咽。"

⑥谨耳：小耳。

⑦渠股：跰脚，即罗圈腿。郭璞注云："渠，车辋(wǎng)，言跰脚也。《大传》曰：'大如车渠。'"

⑧豚止：猪的脚趾。止，脚趾。郭璞注云："止，足。"

⑨取淖子曰阿女：娶了淖子族一个叫阿女的姑娘。

〔译文〕

流沙的东边，黑水的西边，有朝云国、司彘国。黄帝的妻子雷祖生下了昌意。昌意被贬到若水来居住，生下了韩流。韩流长着长脖颈、小耳朵、人的脸、猪的嘴、麒麟的身体、罗圈腿、猪的脚趾，娶了淖子族一个名叫阿女的姑娘，生下了颛顼。

流沙之东，黑水之间，有山名不死之山①。

〔注释〕

①不死之山：山名。郭璞注云："即员丘也。"

〔译文〕

流沙的东边，黑水的中间，有一座山名叫不死山。

华山青水之东，有山名曰肇山。有人名曰柏高[1]，柏高上下于此，至于天[2]。

〔注释〕

①柏高：亦称“柏子高”，传说中的古仙人。郭璞注云：“柏子高，仙者也。”郝懿行《笺疏》云：“据郭注，经文当为柏子高，《藏经》本正如是，今本脱子字也。”

②至于天：郭璞注云：“言翱翔云天，往来此山也。”

〔译文〕

华山青水的东边，有一座山名叫肇山。有人名叫柏子高，柏子高从这座山上上下，直达天界。

西南黑水之间，有都广之野，后稷葬焉。爰有膏菽、膏稻、膏黍、膏稷[1]，百谷自生，冬夏播琴[2]。鸾鸟自歌，凤鸟自儛，灵寿实华[3]，草木所聚[4]。爰有百兽，相群爰处。此草也[5]，冬夏不死。

〔注释〕

①膏菽、膏稻、膏黍、膏稷：泛指美味的五谷。郭璞注云：“言味好皆滑如膏。”

②播琴：播种。郭璞注云：“播琴犹播殖，方俗言耳。”

③灵寿：即椐树，可为手杖及马鞭。郭璞注云：“灵寿，木名也，似竹，有枝节。”

④草木所聚：草木在这里生长茂密。郭璞注云：“在此丛殖也。”

⑤此草：这里的草。郝懿行《笺疏》云：“此草犹言此地之草，古文省耳。”

〔译文〕

西南黑水之间，有一片都广野，后稷埋葬在这里。这里有膏菽、膏稻、膏黍、膏稷等美味的五谷，各种谷类在这里自然生长，冬天和夏天都可以播种。鸾鸟自在地唱歌，凤鸟自在地起舞，灵寿木开花结果，草木在这里生长茂密。这里百兽成群，和睦相处。这里的草，冬天和夏天都不死。

南海之外，黑水青水之间，有木名曰若木，若水出焉。

〔译文〕

南海以外，黑水青水之间，有一种树名叫若木，若水从这里发源。

有禺中之国。有列襄之国。有灵山，有赤蛇在木上，名曰蝡(ruǎn)蛇，木食①。

〔注释〕

①木食：以树木为食。郭璞注云："言不食禽兽也。"

〔译文〕

有禺中国。有列襄国。有一座灵山，山中有一种红色的蛇生活在树上，名叫蝡蛇，以树木为食。

有盐长之国。有人焉鸟首，名曰鸟氏①。

〔注释〕

①鸟氏:郭璞注云:“今佛书中有此人,即鸟夷也。”

〔译文〕

有盐长国。有人长着鸟的脑袋,名叫鸟氏。

有九丘,以水络之①:名曰陶唐之丘②、叔得之丘、孟盈之丘③、昆吾之丘④、黑白之丘、赤望之丘、参卫之丘、武夫之丘⑤、神民之丘⑥。有木,青叶紫茎,玄华黄实,名曰建木,百仞无枝,有九欘⑦,下有九枸⑧,其实如麻,其叶如芒⑨。大皞爰过⑩,黄帝所为⑪。

〔注释〕

①络:环绕,围绕。郭璞注云:“络,犹绕也。”

②陶唐之丘:陶唐丘。陶唐,古帝名,即唐尧。郭璞注云:“陶唐,尧号。”

③叔得之丘、孟盈之丘:山名。郝懿行《笺疏》云:“叔得、孟盈皆人名号也。孟盈或作盖盈,古天子号。”

④昆吾之丘:即昆仑丘。郝懿行《笺疏》云:“昆吾之山已见《中次二经》。此经昆吾,古诸侯号也。”

⑤武夫之丘:山名。郭璞注云:“此山出美石。”

⑥神民之丘:山名。

⑦九欘(zhú):枝干弯曲九折。郭璞注云:“枝回曲也。”欘,树木弯曲的地方。

⑧九枸(gǒu):根九重盘曲。郭璞注云:“根盘错也。”

⑨芒:芒木的叶子。郭璞注云:“芒木似棠梨也。”袁珂案:“《中次二

经》云：‘萎山有木焉，其状如棠而赤叶，名曰芒草，可以毒鱼。’郭注盖本此为说。”

⑩大皞爰过：伏羲曾经靠它攀登上天。大皞，传说中的上古帝王，即伏羲氏。

⑪黄帝所为：郭璞注云：“言治护之也。”袁珂案：“郭此注亦似是而实非也。……试思统治宇宙、日理万机之黄帝，何暇兢兢于‘治护’一树乎？此‘为’者，当是‘施为’之‘为’，言此天梯建木，为宇宙最高统治者之黄帝所造作、施为者也。”

〔译文〕

有九座山，河流环绕在山下：分别是陶唐山、叔得山、孟盈山、昆吾山、黑白山、赤望山、参卫山、武夫山、神民山。有一种树木，长着青色的叶子、紫色的茎干，开黑色的花，结黄色的果实，名叫建木。这棵树高百仞，中间没有分枝，树的顶端枝干弯曲九折，下面的树根九重盘曲，结的果实像麻，它的叶子像芒木的叶子。伏羲曾经靠它攀登上天，这棵树是黄帝造作、施为的。

有窫窳，龙首，是食人。有青兽，人面，名曰猩猩。

〔译文〕

有窫窳，长着龙的脑袋，会吃人。有一种青色的兽，长着人的脸，名叫猩猩。

西南有巴国①。大皞生咸鸟②，咸鸟生乘厘，乘厘生后照，后照是始为巴人③。

〔注释〕

①巴国：古国名。郭璞注云：“今三巴是。”

②咸鸟:传说中的大皞之子。

③始为巴人:开始成为巴人的祖先。郭璞注云:“为之始祖。”

〔译文〕

西南方有一个巴国。伏羲生下了咸鸟,咸鸟生下了乘厘,乘厘生下了后照,后照开始成为巴人的祖先。

有国名曰流黄辛氏①,其域中方三百里,其出是尘土②。有巴遂山,渑水出焉。

〔注释〕

①流黄辛氏:古国名。郭璞注云:“即酆氏。”袁珂案:“流黄酆氏之国已见《海内南经》。又《南次二经》云:‘柜山,西临流黄。’亦此国也。”

②出是尘土:杨慎《补注》云:“言其地清旷无嚣埃也。”

〔译文〕

有一个国家名叫流黄辛氏,这个国家的疆域方圆三百里,这里土地平旷,没有喧嚣和尘埃。有一座巴遂山,渑水从这里发源。

又有朱卷之国。有黑蛇,青首,食象①。

〔注释〕

①“有黑蛇”三句:有一种黑蛇,长着青色的脑袋,可以吃掉大象。郭璞注云:“即巴蛇也。”袁珂案:“巴蛇食象,已见《海内南经》。”

〔译文〕

又有朱卷国。有一种黑蛇，长着青色的脑袋，可以吃掉大象。

南方有赣巨人[1]，人面长臂，黑身有毛，反踵，见人笑亦笑，唇蔽其面，因即逃也[2]。

〔注释〕

①赣巨人：兽名。郭璞注云："即枭阳也。"袁珂案："枭阳国已见《海内南经》。"

②因即逃也：趁机逃跑。因，趁着。

〔译文〕

南方有一种野兽叫枭阳，长着人的脸，手臂很长，身体黑色有毛，脚跟反向生长，看见人笑也跟着笑，笑的时候嘴唇遮住了整张脸，趁机逃跑了。

又有黑人，虎首鸟足，两手持蛇，方啖之。有嬴民，鸟足。有封豕[1]。

〔注释〕

①封豕：兽名，大猪。郭璞注云："大猪也，羿射杀之。"

〔译文〕

又有黑人，长着老虎的脑袋、鸟的脚，两只手拿着蛇，正在吃。有嬴民，长着鸟的脚。有一种大猪。

有人曰苗民[①]。有神焉，人首蛇身，长如辕[②]，左右有首，衣紫衣，冠旃冠[③]，名曰延维[④]。人主得而飨食之，伯天下[⑤]。

〔注释〕

①苗民：即三苗民。郭璞注云："三苗民也。"

②"有神焉"三句：有一个神，长着人的脑袋、蛇的身体，身体有车辕那么长。郭璞注云："大如车毂，泽神也。"

③冠旃(zhān)冠：戴着毡帽。旃，同"毡"。

④延维：古代传说中的神名。郭璞注云："委蛇。"

⑤伯天下：称霸天下。伯，古同"霸"。

〔译文〕

有种人称为三苗民。有神长着人的脑袋、蛇的身体，身体有车辕那么长，左边和右边各有一个脑袋，穿着紫色的衣服，戴着毡帽，名叫延维。君主得到他拿来举行飨宴之礼，就会称霸天下。

有鸾鸟自歌，凤鸟自舞。凤鸟首文曰德，翼文曰顺，膺文曰仁，背文曰义，见则天下和。

〔译文〕

有鸾鸟自在地唱歌，凤鸟自在地起舞。凤鸟的头上的花纹叫"德"，翅膀上的花纹叫"顺"，胸脯上的花纹叫"仁"，背上的花纹叫“义”，它一出现，天下就会和平安定。

又有青兽如菟，名曰菌狗。有翠鸟[①]。有孔鸟[②]。

〔注释〕

①翠鸟：鸟名。

②孔鸟：即孔雀。郭璞注云：“孔雀也。”

〔译文〕

又有一种青色的兽长得像兔子，名叫菌狗。有翠鸟。有孔雀。

南海之内有衡山[①]。有菌山。有桂山。有山名三天子之都[②]。

〔注释〕

①衡山：山名，一名岣嵝山，又名霍山，古称南岳，为五岳之一。位于湖南中部，有七十二峰，以祝融、天柱、芙蓉、紫盖、石廪五峰为最著。郭璞注云：“南岳。”

②三天子之都：即三天子鄣山。郭璞注云：“一本三天子之鄣山。”郝懿行《笺疏》云：“三天子鄣山，已见《海内南经》。”

〔译文〕

南海海内有衡山。有菌山。有桂山。有一座山名叫三天子鄣山。